丛书主编　汤重南

抗战十四年 · 中华儿女传奇

高邮战役

常浩如　陈　立　著

南京出版传媒集团
南京出版社

图书在版编目（CIP）数据

高邮战役 / 常浩如, 陈立著. -- 南京：南京出版社, 2018.6
（抗战十四年·中华儿女传奇）
ISBN 978-7-5533-2207-0

Ⅰ. ①高… Ⅱ. ①常… ②陈… Ⅲ. ①抗日战争－史料－高邮 Ⅳ. ①K265.06

中国版本图书馆CIP数据核字（2018）第069907号

丛 书 名：抗战十四年·中华儿女传奇
总 策 划：卢海鸣
书　　名：高邮战役
作　　者：常浩如　陈　立
出版发行：南京出版传媒集团
南 京 出 版 社
社址：南京市太平门街53号　　邮编：210016
网址：http://www.njcbs.cn　电子信箱：njcbs1988@163.com
联系电话：025-83283893、83283864（营销）　025-83112257（编务）

出 版 人：项晓宁
出 品 人：卢海鸣
责任编辑：王凤霞
装帧设计：王　俊
责任印制：杨福彬

制　　版：南京新华丰制版有限公司
印　　刷：南京玉河印刷厂
开　　本：787毫米×1092毫米　1/16
印　　张：6.5
字　　数：71千
版　　次：2018年6月第1版
印　　次：2021年11月第2次印刷
书　　号：ISBN 978-7-5533-2207-0
定　　价：20.00元

编 委 会

总　序

中华民族是一个有着5000多年文明史的伟大民族，为人类文明进步做出了不可磨灭的贡献。进入近代以后，由于列强的入侵和封建统治的腐败，中国落伍了，一步步沦为半殖民地半封建社会。特别是由于日本军国主义的野蛮入侵，中华民族濒临亡国灭种的境地。1931年9月18日，日本帝国主义悍然对驻守沈阳的中国军队发动进攻，制造了蓄谋已久的九一八事变。

“兄弟阋于墙，外御其侮。”面对日本军国主义的野蛮侵略，中华民族并没有在外敌面前屈服、倒下，而是更加同仇敌忾、奋勇杀敌。在整个抗战期间，在中国共产党领导的抗日民族统一战线指引下，中国各党派、各民族、各阶级、各阶层、各团体以及海外华侨华人义无反顾地投身到抗击日本侵略者的洪流之中，进行了艰苦卓绝的战争。特别由中国共产党领导的东北抗日联军、八路军、新四军更是在异常艰苦的条件下英勇抗击日本侵略者，取得了一个又一个骄人战绩。他们的英勇事迹在中华民族反抗外敌侵略的历史上谱写了光辉的一页，充分凸显中国共产党在整个抗日战争中的中流砥柱作用。最终中国人民取得了抗日战争的伟大胜利，宣告了世界反法西斯战争的完全胜利。中国人民抗日战争胜利是全体中华儿女的荣光。

2015年9月3日，习近平同志在《纪念中国人民抗日战争暨世界反法西斯战争胜利70周年大会上的讲话》中明确提出："中国人民经过长达14年艰苦卓绝的斗争，取得了中国人民抗日战争的伟大胜利，宣告了世界反法西斯战争的完全胜利。"在中央政治局第25次集体学习时，习近平同志进一步提出："要注重研究九一八事变后14年抗战的历史，14年要贯通下来统一研究。"2017年1月，教育部要求各级各类教材全面落实"十四年抗战"概念，把中小学地方课程教材中的"八年抗战"字样改为"十四年抗战"，并根据情况修改与此相关内容，确保树立并突出十四年抗战概念。这表明，长期以来认识不尽一致的抗日战争的起点问题，最终通过进入教材的形式加以解决。

"十四年抗战"概念的提出，体现了将九一八事变、东北抗战等局部抗战与1937年卢沟桥事变后的全面抗战作为一个整体来观照和研究，更能增强震撼力和感染力。另外，长期以来，中国抗日战争史就面临着被"西方中心论"者消解、忽视的境遇，作为第二次世界大战和世界反法西斯战争的东方主战场，中国战场的历史地位在欧美大中小学教材和研究著作中不被重视；而全面抗战爆发前的中国人民，特别是中国共产党领导的东北抗联的孤军奋战，更是鲜有人问津。"十四年抗战"进入中国国民教育系统，是扭转这一局面的重要举措，是在国际范围内建立自身历史话语权的现实需要。这也是对毛泽东主席所说的"伟大的中国抗战，不但是中国的事，东方的事，也是世界的事”“我们的敌人是世界性的敌人，中国的抗战是世界性的抗战”等论断的最好诠释。

此套丛书以通俗易懂的语言、引人入胜的故事、准确的历史史实，展现抗战期间在中国共产党领导下的东北抗日联军、八路军、新四军英勇抗敌的14个经典战役战斗事迹，再现波澜壮阔的敌后战场、机动灵活的战略战术和引以为傲的骄人战绩。向广大青少年表达中华儿女视死如归、宁死不屈的民族气节，不畏强暴、血战到底的英雄气概，百折不挠、坚忍不拔的必胜信念。同时，通过对中国共产党领导下的一个个经典战役、战斗的讲述，一方面，加强对青少年乃至全社会的历史传承，消除近年来“抗日神剧”等历史泛娱乐化所造成的认识混乱以及价值观扭曲，积极正本清源；另一方面，通过史实再次证明中国共产党在抗日战争中的中流砥柱作用，拆穿日本右翼势力矢口否认日本对中国发动的侵略战争、极力美化日本在中国所犯下的滔天罪行的惊天谎言。

“以史为鉴，可以知兴替。”当下，我们正走在实现中华民族伟大复兴中国梦的征途中，国家综合实力、人民生活水平都有显著提高。越是在这种时候，我们越是不能忘记为了实现民族独立、人民解放而抛头颅、洒热血的革命先烈和革命事迹。相信通过此套丛书的出版，必将具有深远的历史意义和极强的现实意义，也必将在国内外产生广泛反响。

汤重南

（中国社会科学院研究员、博士生导师，

中国日本史研究会名誉会长，中日历史共同研究委员会中方委员）

目　录

引 言

1945年12月19日至1946年1月初，新四军华中野战军第7、8纵队在粟裕司令员指挥下，向盘踞在高邮、邵伯等地拒不投降的日伪军发动进攻，歼灭日军1200余人、伪军1万余人，解放高邮、邵伯、宜陵、郭村等城镇20余处，缴获大量武器装备。是役称为高邮战役（也称高邵战役或江高战役）。该战役是中国共产党领导下的八路军、新四军俘虏日军最多的一次战役，也是新四军在华中对日军的最后一次重大战役。

高邮是一座有7000多年文明史和2241年建城史的古城，是江淮文明、邮文化的重要区域。秦王嬴政于公元前223年在此筑高台、置邮亭，故名高邮，是中国2000多个县市中唯一以邮命名的城市。中华人民共和国成立后设高邮县。1991年2月，经国务院批准撤县设市（县级）。1991年4月1日，正式建高邮市，实行计划单列。高邮市，是世界遗产城市、国家历史文化名城、国家全域旅游示范区。高邮地处长江三角洲，位于上海经济圈和南京都市圈双重辐射区，是苏中、苏北重要门户，是中国民歌之乡、中华诗词之乡、全国集邮之乡、中国建筑之乡。

高邮是大运河沿线一座具有悠久历史和丰富文化遗存的城市，在大运河沿线58处遗产点中，高邮有3处，其中盂城驿、高邮明清运河故道是高邮独有的，淮扬运河主线纵贯高邮南北共43.6公里。这3处遗产包含了从车逻到界首运河沿线几乎所有的文化遗产。车逻坝、南门大街、镇国寺、平津堰、杨家坞、万家塘、御码头、马棚湾铁牛、界首大码头都在其中。2016年11月23日，国务院正式批复高邮市为国家历史文化名城，成为全国第130座、江苏省第13座国家历史文化名城。

抗日战争期间，高邮沦陷。新四军多路进入高邮，发动群众，宣传抗日，打击日伪，建立抗日民主政权，抗战胜利前夕，已解放除高邮县城以外绝大多数的乡镇和农村，为高邮战役胜利奠定了坚实的基础。中国共产党在土地战争中形成的农村包围城市、武装夺取政权的成功之路在抗日战争的新形势下得到成功的运用和发展。高邮地区的抗日斗争和高邮战役的胜利就是很好的典范。

一 | 抗战烽烟

建立根据地

1937 年 12 月 14 日，日军侵占了江都县城扬州。1939 年 10 月 2 日，日军又侵占了高邮城和宝应城。日军所到之处，烧杀抢掠，罪恶罄竹难书。日伪军占领和控制了主要交通线和集镇，并逐步建立了伪政权。日伪把这一地区称为“模范”统治区。广大人民群众挣扎在日伪军的铁蹄之下，过着贫困交加的“亡国奴”的生活，他们热切盼望获得解放。根据中共中央“发展华中，开辟苏北”的战略决策，在陈毅指挥下，新四军于 1938 年 9 月进入江都，开辟抗日桥头阵地，积极打击日伪军，创建苏中抗日根据地。1941 年 1 月上旬，皖南事变发生后，新四军军部在盐城重建，全军编为 7 个师。1 师由粟裕任师长，活动于苏中地区。1941 年 2 月，国民党鲁苏皖边区游击指挥部副总指挥李长江投敌，新四军发起讨李战役，并重新进入江都境内，将其作为向高邮、宝应地区发展的基地。1941 年 2 月下旬，江都县抗日民主政府恢复，并在境内相继恢复、重建、新建 5 个区级政权。

1941 年，日军加紧“扫荡”苏中根据地，苏中根据地被分割成零碎的小块，斗争形势十分严峻。针对日伪的疯狂“扫荡”，苏中军区采取“敌进我进”的方针，即到日伪控制的江（都）高（邮）宝（应）等地区开辟新区。在江高宝地区开展游击战争，不仅有助于粉碎日伪军对苏中根据地的疯狂“扫荡”，而且进一步扩大和巩固了苏中根据地，建立了与苏北、苏南及淮南根据地的联系，增加新四军各部队之间的相互策应。6月，根据刘少奇、陈毅电令，惠浴宇返江都主持工作。7月，成立江（都）高（邮）中心县委和江高行署，惠浴宇任中心县委书记兼行署主任。和惠浴宇一起到达江都的新四军1师1旅3团一部与江都县地方抗日武装合编为江高独立团，一部活动于江都县和高邮县接合部，一部经高邮，过宝应，直插两淮，打通了和新四军3师的联系。1941年9月，新四军1师1旅2团奉命以挺进支队名义，进入高邮、宝应，创建抗日同情区。同年9至10月，新四军1师2旅6团1营

日伪控制下的高邮城

以淮宝支队名义，进入高邮子婴河以北和宝应南部地区。10月7日，从苏南转战苏中的新四军6师18旅奉命担负开辟江高宝抗日根据地的任务。10月29日，6师18旅54团进入高邮地区，其3营活动于一、四、六区，1营活动于子婴河以北。12月上旬，6师师部率52团等部进入江都。

新四军进入江高宝后，该地区的抗日斗争不断深入。抗日根据地不断发展，引起了日伪军的恐慌。日伪军一方面增设据点，控制交通要道，妄图分割、蚕食根据地;另一方面纠集重兵“扫荡”根据地，“清剿”新四军部队。面对日伪军的大肆进攻，新四军根据中共中央和毛泽东制定的以游击战争为主，不放松有利条件下的运动战的战略方针，灵活地使用兵力，以麻雀战的战法，袭扰日伪军，多点开花，打得日伪军自顾不暇，常常不得不延缓或放弃对根据地的“围剿”。为粉碎日伪军的“扫荡”，从1942年1月开始，新四军对江高宝境内的日伪军展开了连续的进攻。1月13日，52团拔除真武庙伪军据点，攻打了乔墅镇；2月8日，淮宝支队攻克王通河伪军据点；2月11日，52团1营2连全歼高邮东南的赫旺庄守敌1个队；2月19日，54团3营夜袭高邮以北的马棚湾、陆安闸等伪军据点，全歼守敌；2月下旬，52团3营在戚墅庙捣毁投靠伪军夏铄武的毕春茂匪巢；3月11日，54团3营袭击高邮以东龙王庙守敌，俘伪营长以下70余名，缴长短枪100余支；3月25日，54团1营袭击高邮以东二沟伪军据点，俘伪军40余人，缴步枪40余支……在对日伪军的进攻中，新四军扬长避短，多以战斗力和士气较弱的伪军为进攻目标。通过俘虏伪军，缴获枪支等武器装备，可以达到消灭敌人、壮大自己的目的。

为“坚持敌后，渡过难关”，中共中央华中局指示苏中区，要求“要切实、迅速地巩固苏中根据地，聚集和加强力量，以便将来应付国内外的事变；建立独立作战的地方军，主力部队应地方化；广泛建立群众性的游击队与不脱产的民兵”。随着苏中区军队建设任务的调整，江高宝地区的抗日武装力量开始向主力军、地方军、民兵三者结合的武装形式转变。负责开辟苏中第一行政区抗日根据地的新四军6师18旅52团和54团合编为52团作为主力部队，同时抽取一部分兵力，加强地方抗日武装。1942年11月，以原留在高邮地区的54团3营两个连为基础，组建了高邮独立团。12月，以18旅52团3营两个连和江都县地方武装合编为江都独立团。通过重新编组，军区有主力在手，各县有地方军巩固边区。日伪军“扫荡”时，主力军为大突击、大转移的部队，地方军则是坚持原地斗争或小转移的部队，各负其责，相互配合。主力地方化后，地方军有了很大的发展，战斗力大有提高，能独立对付日伪军，增强了根据地的实力。

在开辟工作的初期，新四军实行不征粮、不收税的政策。高（邮）宝（应）地区的老百姓起初对新四军缺少了解，然而，事实教育了他们：新四军所到之处，处处和老百姓打成一片。部队住进民房后，帮助人家打扫、挑水，解决生活困难。新四军1师2旅6团在宝应县行军至一个村庄，这时，夜幕已降临，天又下起了大雨，这个团为了不惊扰百姓，没有叫老百姓开门，而是在屋外露宿。第二天一早，老百姓看见新四军睡在苇堆旁，个个被雨淋湿，深受感动。老百姓纷纷说，从未见过这么好的军队。新四军还组织了民运工作队，深入到农村，走门串户、访贫问苦，解决他们的实际困难，宣传和发动群众。

在高邮、宝应的农村普遍建立了大刀会、联庄会等群众组织。这些组织的领导，大多数是有名望的士绅、财主，骨干是旧乡保长。但这些群众组织的主要成分是当地的贫苦农民。新四军对大刀会、联庄会采取了团结、教育的方针，逐步地把地主、乡绅领导下的农民武装转化为共产党领导下的抗日武装。

首先是做好群众工作。1941年年底，新四军6师18旅旅长兼政委江渭清、54团团长吴泳湘率54团进入了高邮县三垛镇一带。在一个漆黑的夜晚，部队刚刚走进了一个村庄，四周便锣声大作，“土匪来了，土匪来了！”的喊声一阵高过一阵，部队的下级干部和战士气坏了。性急的战士拉开了枪栓，要向包围上来的群众开枪。江渭清、吴泳湘等领导审时度势，坚决不准开一枪。他们反复向战士们做工作：“我们是共产党领导下的人民子弟兵，怎么能把枪口对准老百姓呢？”经过做工作，终于解决了冲突。

在郭氏桥战斗中，面对具有优势的日伪军，新四军部队首先让大刀会群众安全转移，而教导员林友映等12名新四军战士在掩护群众撤退的战斗中英勇牺牲。活生生的事实，教育了大刀会群众，使他们认识到：共产党和新四军是真心实意为老百姓谋利益的。

对于大刀会、联庄会的领导，新四军采取交朋友的方式，以诚相待，耐心说服、教育。江渭清等部队领导亲自做工作，诚恳拜访联庄会、大刀会的领导。新四军还派出民运工作队，深入农村，做大刀会、联庄会领导和一般成员的思想工作。经过一段时期的努力，高宝地区许多大刀会、联庄会的领导和一般会员的认识有了提高，态度有了明显的转变，他们主动为新四军提供情报，配合新四军对日伪作战，由抗日斗争的阻力变为助力。当然，也有少数坚持与新四军为敌，与日伪相勾结的大刀会、联庄会的顽固不化的领导。对这一部分人，新四军则采取坚决打击。

随着农村中减租、减息斗争的开展，基层抗日政权的建立，贫苦农民政治觉悟大为提高，大刀会、联庄会的基层队员携带枪支参加了民兵组织，在抗日战争中发挥了很大的作用，大刀会、联庄会就自动消失了。

新四军和地方党政组织还积极开展对当地开明士绅、知名人士、著名教育家的统战工作。其中，争取高邮名绅吴襄哉和团结宝应著名教育家冯立生的故事，至今还在当地群众中流传。

新四军开辟江高宝抗日根据地以后，该地区的党组织得到快速发展。为适应形势的需要，各县党的各级组织也迅速建立起来。1941 年 10 月，江高中心县委派杨祖彤到扬州领导地下工作。杨祖彤到扬州后，调整党的组织，建立秘密联络点。次年 12 月，中共苏中第一地方委员会决定建立中共扬州城区工作委员会，后因失去掩护条件，扬州地区地下党组织全部撤离。在江都县委、江高中心县委建立后，加强了对江都各辖区的领导，区党委班子建立健全，不久，又开辟了高邮二区的工作。江高中心县委移驻高邮前，江都县委着重领导通扬运河以南地区。江高中心县委北移后，江都县委全面领导江都工作。在高邮县，于 1941 年 10 月建立中共高宝工作委员会。1942 年 1 月，为加强对开辟地区的领导，中共江高中心县委调委员杨浩庐到高邮重建中共高邮工作委员会，杨浩庐任书记。这年上半年，各区先后建立了区工委，7 月，成立了中共高邮县委员会。在县委领导下，各区以贫雇农中的抗日积极分子为主要对象，发展了大批党员，他们成为抗日斗争的骨干。在宝应县，于1941年初，建立中共宝应县工委，宝应工委建立后，以城市工作为重点，积极慎重地发展了一批党员，建立了基层支部。新四军挺进支队和淮宝支队进入宝应地区以后，逐步在临北地区的郭氏桥、土塘沟、小塘河、芝麻塥发展了一批党员，并建立工委，同年3月又建立了中共宝应湖东工委。1943年5月，中共宝应县委建立。各级党组织成为广大群众开展抗日斗争的“主心骨”，从开展平原水网地区的游击战争到减租、减息，建立民主政权，开展大生产运动。各级党组织都成为群众斗争的“堡垒”和“核心”。

自新四军返回江都阵地和江高中心县委的建立，到1942年3月，江高宝抗日根据地的开辟取得很大成果。仅仅9个月时间，新四军在江高宝就开辟根据地900平方公里，开辟游击区1200平方公里，日伪占领区缩小为600平方公里。1942年3月，中共苏中第一地方委员会、苏中第一行政区专员公署建立。同年10月，苏中第一军分区建立，标志着江高宝抗日斗争进入新的历史阶段。

夺取主动权

江高宝地区地处里下河，地势低洼，湖泊众多，河道纵横。日伪军占领这一地区后，依仗其装备优势，利用水网地区的交通条件，常常乘汽艇，长驱直入根据地内部，烧杀抢掠，偷袭抗日武装。根据地军民经常处于被动挨打的地位，深受其害。面对不利局面，抗日军民群策群力，集思广益，从打坝头阻挡外河洪水内溢的方法中得到启示：

拦河、打坝、筑堤，改造水网地形。这样既可以阻挡日伪军汽艇，又能为根据地军民打击日伪提供条件，就可以变被动为主动，逐步掌握战争主动权。

在水网地区打坝、筑堤是项艰苦的工作，这里河网密布，打坝、筑堤需要动用大量人力、物力。深受日伪军侵害的高邮广大群众，在地方党政组织的动员和组织下，纷纷自觉地投入到打坝、筑堤、撤桥、搭桥的工作中去。

在各级党政组织的号召下，广大军民很快掀起了打坝、筑堤的热潮。从 1942 年冬到 1943 年 7 月，高邮县参加打坝的群众达 26 万人次，打坝 315 道。从 1942 年冬至 1943 年 2 月，江都县南至仙女庙，北至樊川，东起宜陵，西至真武庙的范围内筑成拦河坝 8 条，并在江北区筑有封锁坝 10 多条。从 1943 年秋至 1944 年 7 月，宝应县广大军民，在广洋湖、射阳湖等湖荡及其他水道打坝、筑堤，修建的主要 8 条堤坝总长达 70 多公里。宝应县曾创造一次打坝动用民工 3 万多人，船只 1000 余条的记录。延安广播电台曾播报了这一消息。

日伪军千方百计地破坏打坝、筑堤运动，常常驾驶汽艇袭击正在打坝的群众，埋放炸药，炸毁打好的大坝。对此，根据地军民采取武装保卫群众打坝的措施，开展护坝斗争。在边缘区主要交通河道打坝时，根据地地方武装担任武装保卫。对于日伪军炸坝、毁坝的企图，根据地军民在“保坝就是保村、保家”“坝头保得牢，敌人钻不进”等口号下开展护坝斗争。一些地方组织保坝小组，圩内设守坝组，圩外设警戒棚、监督岗、观察哨，晚上轮流值班，一有情况，立即鸣枪报警。日伪白天炸坝，护坝群众晚上就重新打坝。江高宝水网地区的广大军民因地制宜地创造出多种形式、多种功能的堤坝：

封锁坝，即在敌人汽艇经常出没和通往敌占区的主要河道，用碎砖瓦，杂以树棍、泥土，打成五六丈宽的大坝，切断日伪交通。这种坝的坝体坚固，敌艇冲不垮、闯不过，难炸、难毁。

交通坝，一般打在中小河道，宽只有几尺至丈余。坝成凹形，或在边上开个月牙形的口子，以便水流畅通和小船通过。坝上面铺块木板就成了交通桥。这种坝既能阻挡日伪汽艇，又便于抗日军民的通行。

暗坝，打在水下，坝顶离水面一两尺，表面看去，河道畅通，小船也能过，而日伪军汽艇一旦触上就会搁浅，进退不得。

软坝，即树坝，将许多大树伐倒放置在河中，杂以稻草，有的覆上泥土，专挡日伪汽艇。这种坝拖不动，炸不掉，令日伪无计可施。

长坝，即穿荡大坝，多在沟汊纵横、芦苇茂密、杂草丛生的草荡地区，穿荡筑路，以便水网地区军民大范围交通和大规模军事行动。这种坝耗费人力、物力多，筑坝时间长。

打坝、筑堤，改造地形，一方面，有效限制了日伪军的交通装备优势，另一方面，便利了抗日武装的行动和作战，很快就扭转了抗战初期的被动局面。新四军18旅机关驻宝应郑家渡期间，曾遭日伪军突然袭击，机关工作人员利用广洋湖上刚筑好的大堤，迅速安全转移，使日伪军的偷袭扑空。1944年3月的车桥战役中，新四军6师18旅52团参战部队和民兵、担架队等都是从射阳、安丰的几条大坝上奔赴前线的。军工科赶制的发挥重要作用的500枚地雷，也是通过大堤运抵前线的。

在打坝、筑堤，改造水网地区地形的同时，抗日军民还开展了以破路拆桥为主要内容的陆地改造地形运动。1942年初，高邮日伪军企图控制当地抗日武装的活动，欲修筑白马庙据点，于是，先修筑高邮城通往白马庙的公路。高邮一区的群众在党组织的领导下，将日伪筑的公路从马奔庄以西一直破坏到高邮东北的泰山庙附近。日伪不甘心失败，强迫民工再筑。日伪白天筑路，群众晚上破路，结果，这条公路到 1942 年 10 月日伪军大“扫荡”前也没有筑成，白马庙据点也因此未能建立。

抗日军民在敌后坚持中，创造性地发起改造地形运动，变不利为有利，给日伪军制造了难以逾越的障碍，为粉碎日伪军“扫荡”提供了有力的武器。它不但巩固、发展、壮大了抗日根据地，而且丰富了抗日游击战争的战术。

1944 年 3 月 5 日凌晨打响的车桥战役，标志着华中抗日战争进入战略反攻阶段。1944 年 11 月，毛泽东、刘少奇致电新四军军部：“粟裕带一部苏中主力南进，建立苏浙军区，以粟裕任司令员，谭震林任政治委员，统一指挥苏南和浙江各根据地的斗争。”粟裕、叶飞先后率领新四军 1 师的主力南下。苏中地区在以陈丕显为书记的苏中区党委领导下，掀起大参军运动，地方部队上升为主力部队，并向日伪军发起反攻。1945 年 2 月，苏中新四军部队向沙沟、崔垛等日伪据点发动攻势，一举攻克沙沟、崔垛，毙、伤、俘伪团长以下近 1000 人，把兴化、高邮、宝应地区的 2400 平方公里连成一片。1945 年 4 月 28 日，新四军 18 旅 52 团和高邮、江都、宝应的地方部队在高邮三垛河口伏击日伪军，击毙日军 240 余名，伪军 600 余名，共歼灭日伪军 1800 余名。1945 年 8 月 15 日，日本帝国主义被迫宣布无条件投降。抗日军民掀起大反攻，江高宝地区除了扬州、高邮没有解放外，绝大多数乡镇和农村都已解放。

二 | 战前决策

战前形势

1945 年 8 月 15 日，日本宣布无条件投降。1945 年 8 月 9 日，毛泽东发表《对日寇的最后一战》的声明。8 月 10 日 24 时至 11 日 18 时，朱德总司令连续发布关于受降和对日展开全面反攻等 7 道命令。各解放区立即组织反攻大军，向日伪军发起猛烈反攻。蒋介石为抢夺和独霸抗战胜利成果，竟然于 8 月 11 日命令解放区军民“就原地驻防待命”，不得向日伪军“擅自行动”，而且命令日伪军“切实负责维持地方治安”，抵抗人民军队受降。日本宣布投降后，日伪军并没有停止作战，解放区军民的反攻仍在继续。在苏中解放区，新四军经过激战，先后攻克宝应、兴化、东台、靖江、泰兴、如皋等县城，解放了除扬州、泰州、南通、高邮等少数城市外的国土。

为了实现全国人民盼望的和平，避免战争，中国共产党和国民党在重庆进行和谈。1945 年 10 月 10 日，国共双方代表签订《政府与中共代表会谈纪要》。迫于形势，国民党政府承认了“和平建国”方针，但还是企图通过发动内战来消灭人民革命力量。1945 年 8 月中旬以后，国民党军队沿平绥、同蒲、平汉、津浦等铁路，由西向东，由南向北，逐步向苏皖边区及华北各解放区推进，全国内战的危机日益严重。

中共中央及时提出和实施“向北发展，向南防御”的战略方针，同时要求人民军队加速实行军事战略的转变。10月20日，中共中央决定新四军军长陈毅兼山东军区司令员。新四军北移部队和原山东军区一部分主力组成津浦前线野战军，陈毅兼司令员。另在苏皖地区组成华中军区，张鼎丞任司令员，邓子恢任政委。北移的新四军江南部分主力与华中留下的部分主力组成华中野战军，粟裕任司令员，谭震林任政治委员。中央还调整和健全了各大区的党政领导机构。10月，华中局北移山东后，原华中地区组成华中分局，邓子恢任书记，谭震林任副书记。华中分局成立后，撤销原苏中、苏北、淮北三个区党委，保留淮南区党委。同时，成立苏皖边区政府。华中分局和苏皖边区政府驻江苏的淮安和淮阴。在调整战略布局和各大区党政领导机构、编组野战兵团的同时，中共中央和中央军委决心在平绥、平汉、津浦和同蒲沿线，组织几场有力战役，以阻滞国民党军队的推进，尔后集中主力，相机组织了上党战役、邯郸战役、绥远战役和津浦路徐（州）济（南）段战役。这就有力地打击了沿铁路进犯的国民党军，迟滞了敌人的进

华中野战军司令员粟裕

华中野战军政治委员谭震林

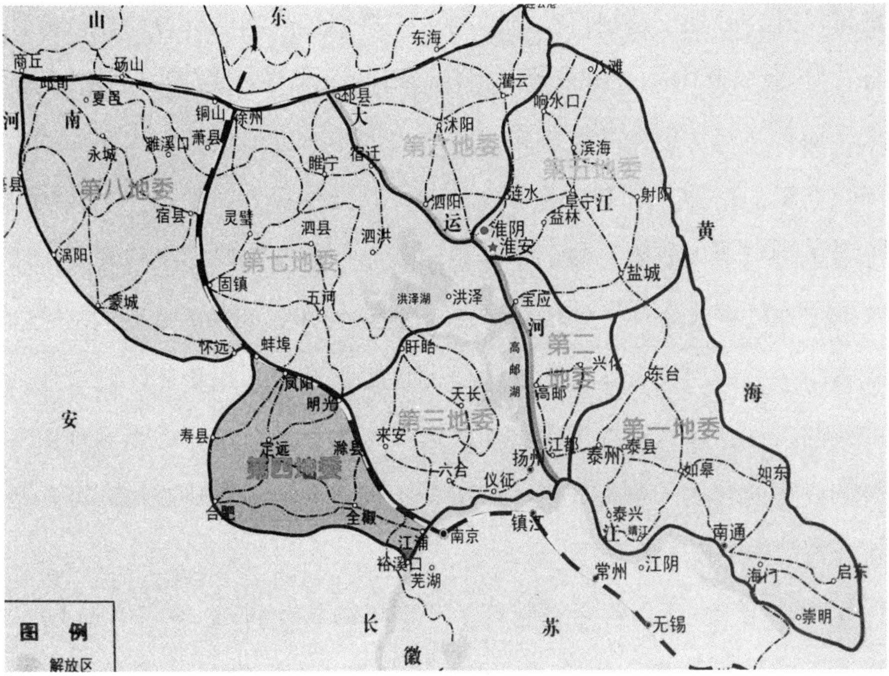

苏皖行政区1945年冬形势图

攻，巩固了华北、华东解放区，掩护了全军的部署调整及在东北的战略展开，并加强了中国共产党在与国民党谈判中的地位。华中新四军就是在上述四场战役进行的背景下，为巩固、扩大解放区而发起了一场重大战役——高邮战役。

反复酝酿

1945 年 10 月 22 日，毛泽东为中央军委起草了对山东、华中的作战问题的指示，指出“必须将占领地段向南北扩展，创造出打运动战的战场”，后来又指出“为准备战胜必然要来的大举进攻，除集中与整训部队外，必须创造更广阔的战场”，“将创造战场的任务当作战略任务”。尽管这是中央对山东境内正在进行的津浦路中段战役所作出的指示，而粟裕却从更大的范围来思考中央的指示，他根据中央军委和毛泽东指示的精神，对未来战争的规律，以及作战方向的选择和战场的准备上进行深入研究。他的指导思想就是“把现阶段的抗战任务和将来的实现民主革命总任务联系起来”。他认为即将到来的全面内战，在战争指导上必须充分发挥人民战争的优势，充分利用解放区内线作战的有利条件，以运动战为主要作战形式，在力量对比上逐步实现由劣势到优势的转化。粟裕分析：华中处于极为重要的战略地位，可能是蒋介石最先进攻之地。

1945 年 11 月，蒋介石制订了“半年剿共计划”，确定了先关内，再关外的战略部署，并扬言“两个月内消灭苏北共军”。蒋介石增调 13 个军集结于徐州地区，企图北攻两淮，打通津浦线；在江苏沿长江摆开 5 个军的兵力，并已进占长江以北的扬州、泰州、泰兴、靖江、南通一线，企图沿运河北进，把华中解放区分割为两块，然后全线向北推进，与徐州南下部队会攻两淮。一场大战迫在眉睫，华中局势骤然紧张起来。

1945 年 11 月下旬，奉党中央命令，由苏浙军区从江南北撤的新四军部队和原苏中、淮北军区部队编成的华中野战军（下辖第 6、7、8、9 纵队，每个纵队辖 4 至 5 个团），刚刚整编就绪。华中野战军司令员粟裕经过深思熟虑，于 12 月 3 日向中共华中分局、新四军军部、中共华东局和中央军委建议：除留第 9 纵队在淮北待机外，集中华中野战军第 6、7、8 纵队，组织进行高邮战役，歼灭该地拒降之敌，以除后患，并改善新四军战场条件，以利于未来自卫作战。同时建议，在高邮战役后，随即会同山东军区部队举行陇海路战役，夺取陇海东段，以使华中和山东两战略区连成一片，扩大新四军回旋余地，便于山东、华中两个野战军的协同作战。

高邮，位于江苏省中部，南临扬州，北靠两淮，是古运河道上一个重镇，是国民党军由扬泰线向华中解放区领导机关驻地淮安、淮阴进攻的必经之地。所以，当时国民党声称：“运河是道大门，高邮是把大锁，只要占领高邮，就等于打开了大门之锁，就可以长驱而入直捣两淮，置共军于死地！”1945 年 12 月初，国民党密令驻扬州的日军独立混成第 90 旅团第 626 大队（后改成高邮警备大队）及炮兵中队

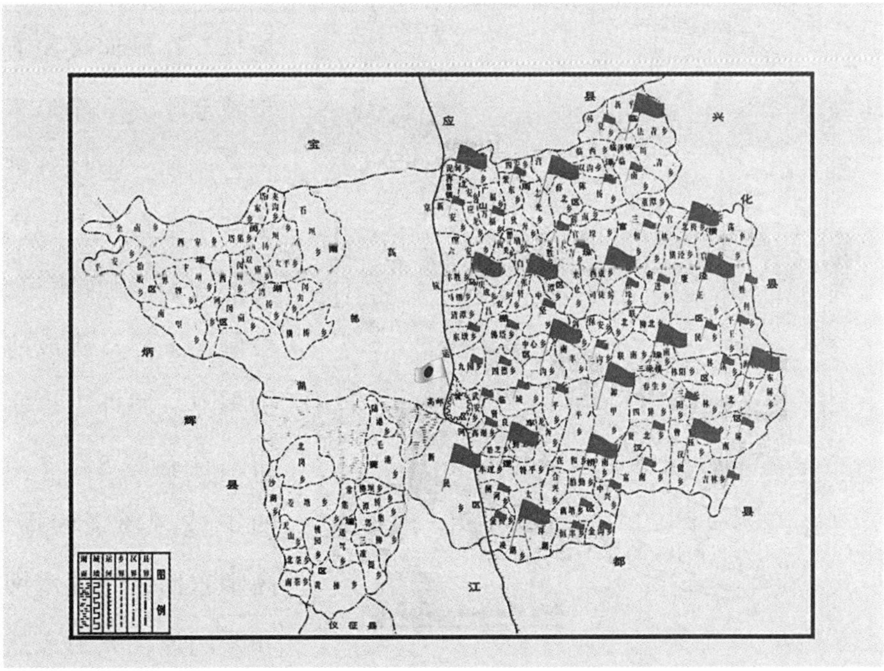

抗战胜利后高邮形势图

1100余人，以及伪军第二方面军第5军第42师全部进驻高邮。这时驻在高邮的还有伪军第5师的第14、15团，伪军第二方面军特务团，伪县保安大队、警察队、水巡队及土匪武装。驻在高邮伪军在5000人以上。之后，又有日军一个中队150余人，伪军一个团1400余人，进占距高邮南30公里的邵伯镇。伪军一个营驻在高邮和邵伯之间的车逻坝。扬州、泰州及扬泰线均驻有日伪军重兵。

1939年，日军侵占高邮后，一直作为重镇把守，历年加修工事。高邮城高9米，墙厚7米。在城墙上日军筑有永久性机枪掩体14个，转弯处和城墙上筑有2层或3层大碉堡8个，城垛之间均筑有射击掩体。在城四关筑有护城土圩，每隔50米筑一哨所，土圩外坡全部削成陡壁。城内则利用众多的庙宇、公园、工厂，构成防御据点。城外工事密布，且有宽5至7米的护城河环绕四周。高邮东面是一片水网和开阔地，成为天然屏障；西面紧靠高邮

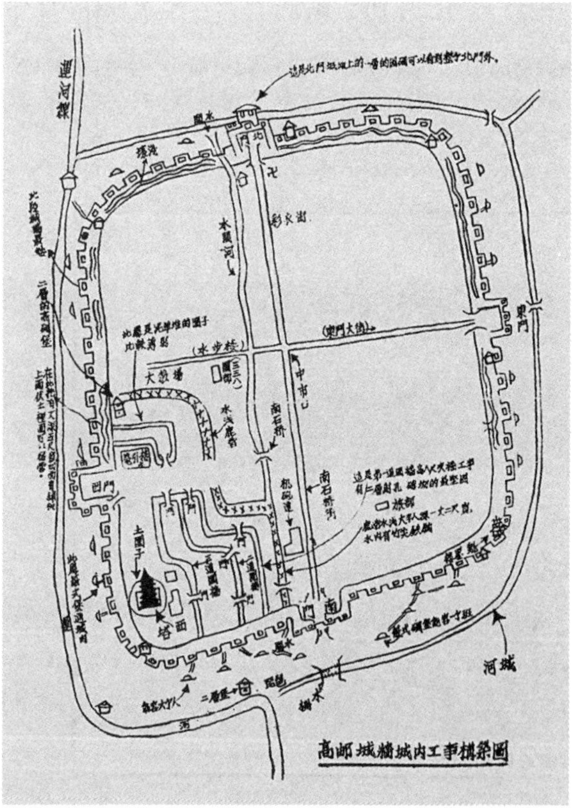

敌城防工事图

湖，烟波浩渺；北面有土城；南面背靠敌区。层层紧固的工事和复杂的地形，给新四军攻城造成了极大的困难。日伪军进占高邮后，强征民工，筑堡挖沟，构筑新的城垣和卫星据点，形成坚固的防御体系。

高邮日军自恃城高地险，驻有重兵，且有蒋介石撑腰，故对新四军令其投降的通牒，置之不理，态度骄横。新四军命令伪军缴枪，竟也毫不理睬。新四军把盐城战役中投诚的原伪军第 3 军的高级军官放回高邮劝降，竟被高邮守敌杀害，悬首北城楼“示众”。随着国民党军在全国范围内对共产党领导的各解放区的进攻日益扩大，高邮城内的日伪军愈加猖狂，有时居然出城骚扰，并扬言要“北攻宝应，奉命收复失地”云云。新四军指战员对此十分气愤地说:“日本投降已好几个月了，而日军和二狗子（指伪军）却照样盘踞在高邮城里胡作非为，人民群众和广大指战员强烈要求上级赶快下令，坚决消灭高邮拒降之日伪军，解放高邮城。”

经华中分局、苏皖行政区、华中军区、华中野战军领导多次研究，1945 年 12 月 3 日，粟裕与张鼎丞、邓子恢、谭震林、曾山联名发出致中共中央并陈毅等的电报，建议组织高邮战役，电报全文如下：

一、高邮孙良诚两千余，及鬼子三百余所盘踞。顽二十五军之四十及一〇八师，已到扬州，将来有沿高邮运河线进攻，以分割华中根据地企图。二、我为打破顽军分割华中根据地企图，以便以后之坚持及主力之机动，建议即集中野战军三个纵队，攻占高邮，与歼灭可能来援之顽二十五军。其理由如下：（一）东北问题据中央来电看，已有变更。因此，我们此举对配合华北及山东或无影响，且便于今后作战。（二）可能因此而争取孙良诚部，或大部投我。（三）此战胜利后，可适当牵制津浦线顽军，并予江北及江南人心以鼓励。三、以上妥否？请即电示。

粟裕司令员预定高邮战役按下列步骤实施：

第一阶段，以第8纵队攻克高邮，以第7纵队一部攻克邵伯，以华中野战军司令部特务团攻克车逻坝，以苏中军区各地方团攻克扬泰线上各据点，而以第6纵队协同第7纵队主力，在邵伯以南、扬泰线以北地区歼击由泰州或扬州方向北援之敌。

第二阶段，则以第6纵队乘胜攻克泰州，而以攻克高邮、邵伯之第7、8纵队及华中野战军司令部特务团，求歼扬州援敌于扬泰线上，而后向扬州发展胜利。如果这样，则不仅能够解除南线蒋军对两淮之威胁，而且可使苏中、淮南地区的战略态势大为改观，对以后开展自卫反击作战将提供良好的战场。

粟司令员的建议很快获准，中共中央军委12月5日发来复电：

同意江夺取高邮，同时集结主力准备打援部署。但须注意争取日军中立，或准许其撤走，或保障其投降后之安全。否则日伪结合，增加攻坚困难。对孙良诚亦以争取其反正为目的。整个战役，以在一个月内结束才好。

于是，部队马上投入紧张的战前准备。但情况突然有变，华中新四军主力奉命北调，以配合山东军区部队在津浦路上开展破击战。当第6、8纵队按时到达指定位置与第9纵队会合，在宿迁一带集结待命时，突然，中央电令 :“暂不要在敌之主要交通要道上采取军事行动，以免我在政治上被动。”因为为实现国共两党签订的“双十协定”，而继续商谈的几个具体协议，有可能于近期签字生效。

粟裕司令员建议，既然暂停对津浦作战，可乘新四军主力集结之机，进行高邮战役，理由是 : 此役作战区域非敌之交通要道，而是新四军解放区腹地 ; 日伪军拒不缴械投降，新四军攻城歼敌师出有名，名正言顺。这个建议很快又获上级批准，但军部仍留第 6 纵队于淮海地区，以待机协同山东军区部队在津浦作战。按照新四军军部的命令，华中野战军司令部即率第 7、8 两个纵队投入战前准备。

1945 年 12 月 15 日，夺取高邮、邵伯的作战准备一切就绪。战役就要全线发起了。突然又接到军部电令 :“调第 7、8 两个纵队迅速北上，即返津浦路方向。”

弓已在手，箭已上弦，歇弓撤弦，谈何容易！何况国民党 25 军先头部队 108 师已到扬州及江都仙女庙一线，待其全军到达后，即可在日伪军掩护下窜入高邮，且必有进攻两淮之图。粟裕手捧电令，心急如焚。他深知，当务之急，应火速实施高邮和陇海路之战的决策。这一仗势在必打，迟早要打，迟打不如早打。坐失战机，后患无穷 ; 速战而胜，既利当前，又利长远。想到此，决心已定，粟裕亲拟复电，洋洋长达千言，据实陈述，详析利弊，情理切切地再次建议先组织高邮战役。粟裕的呈文如下 :

一、据各方消息，顾祝同为徐州行营主任，汤恩伯、李品仙副之，各该部正向徐州集结中。刻徐州已有重兵保卫，徐蚌段沿线亦已集守备兵力，筑深沟高垒。因王、陶纵队北渡后过分疲劳，所以各纵队未能迅速编成，致使有利之破袭机会已失去。目前为欲达控制徐蚌间之一段铁路，非集全力不可。为敌虑，至有牵动徐、宿、蚌沿线顽军以对我可能。果如此，对错乱顽方部署，及至山东之配合均有利，但为欲与顽军决战以确保于暂占铁道线，恐非华中野战军三个纵队（老团八个、新团三个、已由民兵动员组成者四个团）所能胜任。

二、据近日此间密息，孙良诚部拟调津浦线上之滁县，其高邮防务，将有顽二十五军接替，刻高邮正准备粮草、房舍中。另据侦察报告，顽二十五军之一小部，已到仙女庙、砖桥之线，同时顽四十九军实有运徐州之密息，但近日亦有由江阴北渡企图。据此情形，顽有解决孙部可能，但亦可能将其西调，以加强对孙部之控制。然顽军对高邮之控制，势在必行，尔后沿运河线北上，对我华中分割之威胁甚大。果如此，则苏中部队均为其牵制，而张藩纵队亦将长期当置运河线上，无法机动。

三、根据目前顽所率兵于徐州、宿县、蚌埠及设立徐州行营之情况判断，该顽估将全来对我山东及华中，其今后第一步行动之最大可能，除加强徐海铁道之封锁外，将利用淮北平原发挥其优势兵器，以重兵由徐州东南沿睢宁、宿迁向两淮前进，海州、淮南及运河线均为其辅助方向。如此不仅华中被分割与孤立，即华中对山东之配合，亦将大减其效能。为此特做如下建议：

（一）为解除顽军自高邮沿运河线北向以分割华中之威胁，建议仍按原定计划，夺取高邮、邵伯（此刻各部均已接近该线，当尽量求得从政治上争取）。如此举成功，则今后张藩纵队亦可离开苏中，而先去淮北作战。更可使苏中经济物资，尽其对华中之主要供给。否则对今后作战供应，亦将受极大影响。

（二）陇海线日军、日侨已开始向连云港运输，徐州日军闻已解除武装，不久或可能东运。为此，建议山东与华中部队于一月间组织一次大战役，将徐海段铁路彻底破坏，并完全控制之，则有如下好处：使华中、山东打成一片，两个野战军更能有效配合，战场广大（尤其淮北平原），便于大兵团之机动可能，因此迫使顽军在我山东与华中两个根据地之间的起伏地及半河川地区进行作战，便于我在运动中大量歼灭其主力。果如此，而又能获得成功，则顽军于受挫后，势将暂时退守徐州，以待重整旗鼓。斯时我再以一部破袭徐蚌段及徐郑段铁道，则徐州孤立，于我更利。

（三）但破坏徐海段铁路，现处即在日军撤退东运海州之前，顽军可以借口我军不让日军回国，而鼓励日军以与我作战。

（四）职对整个局势与情况不明，此仅系个人偏见，是否有当，祈速电示，以便决定部队行动。

新四军军部收到粟裕的电文后，终于收回成命，同意集中第 7、8 纵队先打高邮和邵伯。华中野战军因缺第 6 纵队，只好缩小作战规模，决定以第 8 纵队的 5 个团加上高邮独立团集中攻打高邮，华中野战军司令部特务团打车逻坝。第 7 纵队以一部兵力攻打邵伯，其主力则部署在扬泰线以北、邵伯以南地区，准备打来援之敌。苏中军区的江都、泰州等独立团归第 7 纵队统一指挥，援敌未来时先打扬泰线之敌据点，尽量求歼小股分散之敌，援敌来时参加打援敌。

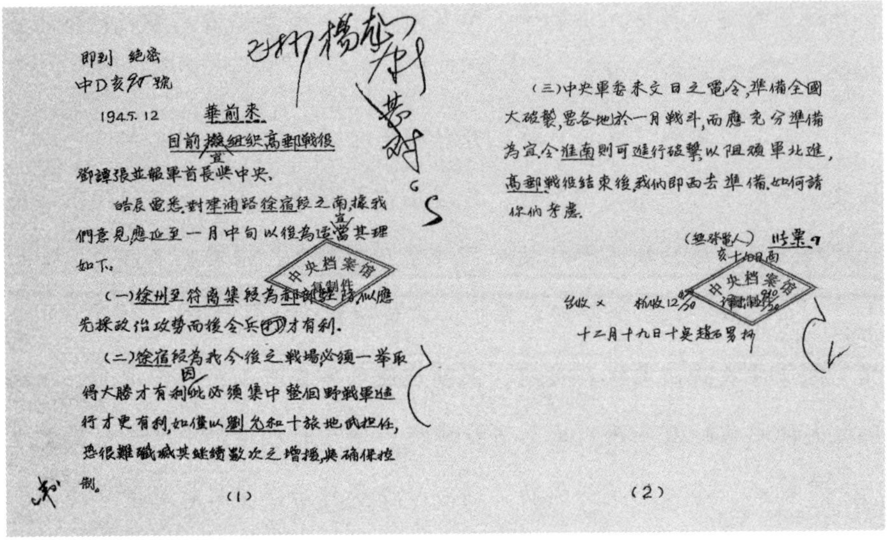
即到 絶密
中D亥95號
1945.12 華前来
目前擬組織高郵戰役
宜
御譚張並報軍首長與中央，
皓辰電悉，對津浦路徐宿段之南，據我們意見，應延至一月中旬以後為適當，其理由如下：
(一)徐州至符离集段為新解放區，似應先採政治攻勢而後全兵力才有利。
(二)徐宿段為我今後之戰場，必須一舉取得大勝才有利，因此必須集中整個野戰軍進行才更有利，如僅以劉先和十旅地武担任，恐很難殲滅其継續數次之增援，與確保控制。
(1)
(三)中央軍委未文日之電令，準備全國大破襲，要各地於一月戰斗，而應充分準備為宜，今淮南則可進行破擊，以阻頑軍北進，高郵戰役結束後，我們即西去準備。如何請你們考慮。
(粟譚署人) 時粟
亥十一日酉
十二月十九日十点趙石男抄
(2)

华中野战军电文

粟裕当即与参谋长刘先胜联名发出了华中野战军攻占高邮、邵伯的作战命令：

一、顽军为继续其反人民反民主的罪行，最近在徐州成立行营，以顾祝同为主任，汤恩伯、李品仙副之，拟集中其第三、第十战区及第三方面军之兵力，向我华中解放区进攻，刻正积极部署中。另顽二十五军已到扬州，正拟攻占邵伯、高邮之线，配合孙逆（孙良诚）伪军沿运河线北进，以达到分割我华中解放区企图。

二、本军有进占高邮、邵伯之线，歼灭敌伪粉碎顽军之企图，并歼灭可能来援之顽军，以保卫华中解放区之任务。

三、此次战役拟以两个阶段达成上述任务。

（一）各部队统限于本月十八日按照指定位置集结完毕。1. 以第八纵队为第一前线，该纵应以二沟镇附近（高邮东二十余里）为中心集结。

2. 以野战军特务团为第二前线，该团应即以谢家庄为中心集结（谢家庄位于二沟正南十余里）。3. 以第七纵队为第三前线，该纵应以真武庙为中心集结。4. 以第六纵队为第四前线，该纵应以樊川镇为中心集结。5. 以苏中管部为第五前线，该部应以丁沟镇（樊川南二十里）为中心集结。6. 以第二分区所属两个团为第六前线，该部应以吴家桥（塘头西南十里）为中心集结。7. 以第一分区所属部队为第七前线，该部应以张甸为中心集结。

（二）战役第一阶段：各攻击部队统应于本月十九日白天完成攻击准备工作，十九日晚九时整开始向各攻击目标攻击。1. 第八纵队集中大部主力，负责解决高邮城之敌伪军，并攻克该城，并于十九日晚，同时派出一部越高邮与车逻坝之间之公路运河，过到河西，在五里坝西南，选择适当地点，隐蔽集结，加强对高邮西南出口，及扬州可能自湖中来援方向之侦察，该部有阻击扬州湖中来援之敌及高邮向西南突围敌伪之任务，该纵务必在五天至六天之内（即十九日晚至二十三日、二十四日）完全解决高邮之敌，并攻克该城。2. 军特务团集中解决车逻坝之敌（高邮南十五里），攻克后，即在车逻坝集结。向湖中警戒，并派一部前出向露筋警戒，以保障八纵侧翼安全。3. 第七纵队应集中主力解决邵伯镇之敌，以一部向北警戒（邵伯以北），并以一个团攻克邵伯镇以南的大闸镇，得手后即应确保该地。该纵达成攻克邵伯任务后，即继续派部队扫除邵伯以北车逻坝以南之各小据点。以上任务限于三昼夜内（即十九日晚至二十二日白昼）完成，达成后除以一个团控制于六闸及邵伯线固守外，其余即转至真武庙东南地区集结，准备打击扬泰方向援队。4. 苏中管部应于十九日晚，由丁沟进至邵伯东南之陈家甸（乔墅南），派一得力部队切断仙（女庙）邵（伯）段公路与运河，控制运河公路，向仙女庙方向警戒。并另以一部破坏仙女庙以西之公路洋桥，集中主力于仙女庙以北，陈店以南，坚决消灭由仙女庙向北增援之敌。如仙女庙以西之洋桥破坏成功，则该部可相机攻占仙女庙。5. 第六纵队集结于樊川以南、丁沟以北、钟村以西地区为总预备队。加强对塘头、郭村、泰州之侦察警戒，以便尔后之攻击；并派一个老团至谢家庄（八字桥北）以西十里之郭子口，直接由本部指挥。6. 第二分区部队应于十九日晚开始，摧毁宜陵以东、塘头以西沿线之小据点；并普遍发动民兵群众彻底破坏仙女庙至泰州段之扬泰公路，并加强对泰州城之侦察警戒。7. 第一分区部队应于十九日晚进至口泰公路附近，发动民兵群众彻底破坏口泰公路，并打击和相机歼灭由口岸增往泰州之敌。8. 军直属机关于十九日晚进至谢家庄（二沟南）。

（三）第二阶段：邵伯至高邮段，攻击任务完成后，各部部署动作预定如下：1. 苏中管部主力配合地（方）武装即夺取仙女庙、宜陵，并扫除扬泰公路上之小据点。达成后在仙女庙、乔墅镇线集合。2. 第六纵队即负责解决塘头、郭村据点。达成后配合第七纵队相机攻占泰州城，并设法尽量夺取泰州城敌伪之交通工具。3. 其余部队应在原地休整。第二阶段之各部任务，视当时具体情形再发补充指示。

四、军区野战军医院设于临泽，三垛设转运站，专收各部队重伤兵。各部可自行选择地点，设立前方医院，收容轻伤兵。

五、粮食及民夫等集结地与分配及后方勤务，可见本部关于建立临时后勤委员会及计划之命令。

六、各部除注意与本部以徒步、无线电报联络外，并规定有线电话网之架设。

七、本部指挥所：第一阶段在高邮东南十里之十里尖。第二阶段在钟村（丁沟东北）。

按照粟裕下达的华中野战军攻占高邮、邵伯的作战命令，战役分两个阶段进行：第一阶段，收复邵伯、肃清高邮外围，并围困高邮；第二阶段，总攻高邮，坚决打援，并全歼守敌。

第6纵队待命于淮海地区，以参加山东军区部队的作战行动，这就使得华中野战军进行高邮之战的主力三缺一，与敌兵力之比失去绝对优势，且守敌日军气焰嚣张，伪军又是惯于挥舞大刀、赤膊上阵、不顾死活、横冲直撞的西北军旧部。因此，有领导曾十分关切地向粟裕提出过此战速胜有无把握，以及可否延缓时日待第6纵队归建后再打这一仗的问题。但粟裕司令员认为："我们是正义之师、胜利之师，首先大局对我极为有利，守敌已是穷途末路，嚣张气焰不会持久，可先发动政治攻势，晓之以日本天皇的乞降诏书，指出其顽固死守之毫无意义。而且我军攻打高邮的总兵力，与高邮守敌总兵力是一比一还多一点；火力上，我们也强。为了更有把握攻破该城的层层设防，我军有必要首先拿下邵伯及其以南地区，以控制敌出援的唯一通道——运河大堤，构筑成坚固的打援阵地，予出援之敌以歼灭性打击，始终保障主力有充分时间攻克高邮。"据此，战役的第一阶段，粟裕命令第8纵队司令员陶勇指挥高邮攻

华中野战军第8纵队司令员陶勇

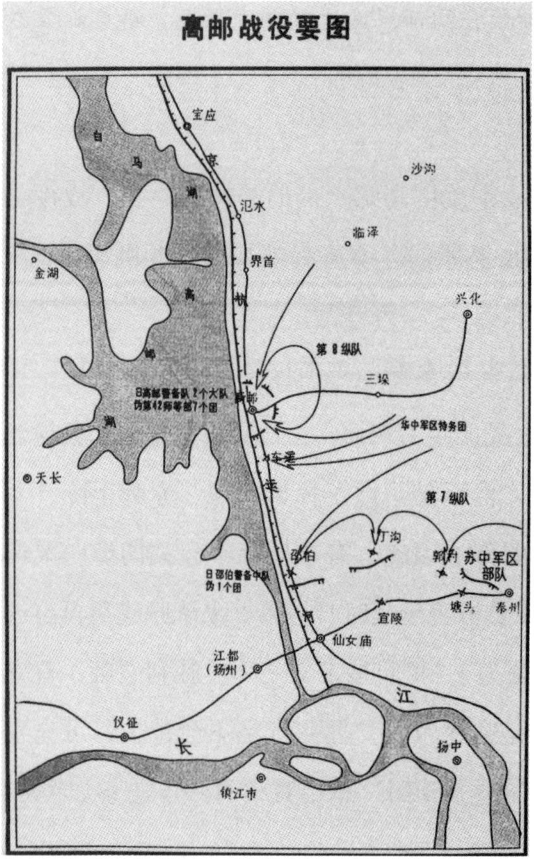

高邮战役要图

坚作战，他则亲自率领精干的指挥所提前南下，到达邵伯前线，指挥第7纵队以一部尽快拿下邵伯，抢占运河大堤；同时，置重兵于邵伯以南的扬泰线，准备在运动中歼灭扬泰线出援之敌。

正当第8纵队参战部队进行战前思想动员时，华中军区司令员张鼎丞出席党的七大以后，从延安回到华中，听说要攻打高邮，他在第8纵队副政委伍洪祥陪同下来到第8纵队。他详细听取了陶勇等人关于攻打高邮的作战准备情况汇报后，非常满意。之后，一连好几天，张鼎丞司令员都到第8纵队来，利用一切机会，向干部传达党的七大精神。他针对当时大家的思想情况，特别强调毛主席在七大指出：“打败了日本帝国主义之后，中国仍然存在着两种命运，两个前途的斗争。”他说：“我们是人民的军队，要坚决保卫人民的胜利果实，为建立无产阶级领导的人民大众当家做主的新民主主义的新中国而继续奋斗，打好高邮这一仗，对粉碎国民党军的进攻，争取和平建国有着重要的意义。”纵队政治部和各级政工干部，也用党的七大精神进行了生动、有效的政治动员，极大地鼓舞了广大指战员彻底歼灭高邮之敌的战斗士气。

华中野战军从淮安南下后，很快挺进到高邮以东至三垛一带集结，进行战前准备。华中军区司令员张鼎丞和华中野战军司令员粟裕亲率第8纵队营以上干部勘察地形，研究敌情，部署战斗。早晨，吉普车队从淮安地区出发，粟裕司令员的车走在最前面。没想到途中粟裕司令员的车突然翻到了沟里，把大家吓了一大跳。幸好车被沟边一棵大树的树干挡住，没有继续翻滚下去，算是有惊无险。粟裕司令员从车子里钻出来，却像平时一样非常沉着、冷静。大家看到他没有受伤，也松了口气，一起去帮忙推车。他看着大家一时没法把车子弄起来，也没多说什么话，只是冷静地在一边思考问题。后来叫来了不少老乡一起用劲才把车子抬上了路，然后继续行进，不久到达高邮城东北边，随即展开了敌前侦察，研究敌情。根据敌情、任务和地形条件，确定了最终的作战部署。

三 | 激战江高

攻克邵伯

1945年12月19日夜，新四军参战部队发起高邮战役。在高邮为中心南北40公里、东西20公里的战场上向日伪军同时发起进攻。

粟裕率领精干的指挥班子到达邵伯前线，把指挥所设在离邵伯镇几里路的一个小村庄，就近指挥第7纵队攻打邵伯。盘踞在邵伯镇的日伪军有2000多人，其中日军有150多人。他们大部分龟缩在万寿宫与邵伯河西导淮楼据点内。邵伯镇周围有岗哨炮楼5处，陆路道口有奶奶庙桥岗楼、北板厂岗楼、六闸子岗楼、南圈门岗楼，水路道口有南摆渡岗楼。12月19日晚7时，新四军参战部队到达指定地点后，同时发动攻击，首先端掉了外围的5处岗楼，一部分部队沿陆路，按事前既定的进军路线，迅速从南圈门进入邵伯镇内，直插日伪军的导淮楼中心碉堡群和日军司令部万寿宫；

华中野战军第7纵队司令员兼政委姬鹏飞

一部分部队通过水路，从镇北攻入镇内，封锁日伪军导淮楼据点，截断对外交通，形成南北夹攻之势，围攻导淮楼据点，围困万寿宫日军司令部。整个战斗分两个阶段进行，首先拿下导淮楼伪军据点，歼灭伪军，同时，围困日军司令部，最后歼灭拒降的日军。

导淮楼据点在邵伯河西船闸附近，三面环水，沿东河岸筑了2米多高、半圆形的土围子，建有许多土地堡，只有南面有50多米长的土坝与镇内相连，坝口筑有钢筋水泥碉堡，碉堡外有铁丝网。导淮楼内有驻防伪军1000余人，分别是1944年伪第35师第7旅（实为1个团）从东台调防邵伯，1945年10月伪新编第5师第2团从氾水移驻到邵伯。20日中午，新四军前线部队下达了总攻命令，枪炮声响成一片，子弹在空中嗖嗖地直射过去，战斗十分激烈。为了配合这次战斗，江都县委、县政府组织了一批干部带领民工支援前线，他们冒着枪林弹雨抬担架，运弹药。战斗中，坝口碉堡火力点，成了新四军进攻的主要障碍。新四军开始时用迫击炮射击，难以摧毁伪军工事，接着用五六辆“土坦克”（大桌子裹上潮湿的棉被），后面跟着战士，发起多次冲锋，仍未能攻破。前线党支部立即召开紧急会议研究对策，党员们纷纷表示坚决炸掉敌碉堡，夺取战斗的胜利。党支部最后确定4名党员身束手榴弹匍匐过坝，进行强攻。勇士们冒着枪林弹雨将手榴弹投进射击孔，炸毁了碉堡。新四军吹起了冲锋号，战士们越过阵地，英勇杀敌，伪军难以阻挡，战至午后2时许，终于攻克导淮楼据点，生俘伪军600多人。

导淮楼据点被新四军攻克后，日军孤立无援。万寿宫地处运河大堤东岸，西临运河，东有一广场，南北两端筑有岗楼，下有壕沟与正面地堡相连，扼扬清公路与运河的咽喉，地势险要，驻有日军150多人。

新四军攻打邵伯战斗

19 日，新四军进入镇内的当夜，在万寿宫附近的主要道口，修筑工事，挖好掩体，做围攻准备。20 日上午，新四军开展了强大的政治攻势，由日军战俘喊话劝降，反复宣传：日本国已战败投降，不要继续做无谓的抵抗，只要放下武器，立即投降，保证遣返他们回国。但日军拒不投降，在劝降无效的情况下，新四军于 20 日中午，发起了对日军的总攻。战斗尚在进行，粟裕司令员就带着参谋等人进入邵伯，直接指挥作战部队围攻负隅顽抗的日军，采用“围三阙一”的战法，集中兵力和火力，从东、西、北三面进攻，诱使日军向南突围。一时间枪炮声响成一团，战斗异常激烈，在猛烈的炮火攻击下，岗楼被摧毁，部分日军被歼灭。大部分日军沿运河，经六闸子向仙女庙方向逃命。仓皇逃窜的日军从

日伪军向新四军投降

粟裕指挥所门前经过。粟裕带领参谋和警卫战士稳守门内，不动声色，待日军离开工事，进入开阔地带时，立即下令聚而歼之。这里既无险要可凭，亦无工事可守，经过激烈战斗，将其大部歼灭，只有十几个日军沿运河向仙女庙方向逃命，结果在六闸子被新四军消灭。经过两天两夜激战，击毙日军中队长以下 110 余人，俘日军 40 余人。21 日晚，邵伯解放，回到了人民的手中。

在这次战斗中，江都县委、县政府组织了干部带领民工支援前线，他们冒着枪林弹雨扛担架，运弹药，挖战壕，提供粮食、门板等大批支前物资，有力地保证了战役的顺利进行。

肃清外围

12 月 19 日晚，在第 7 纵队进攻邵伯的同时，陶勇指挥第 8 纵队向高邮外围之敌展开了猛烈攻击。陶勇根据敌情、任务和地形条件，决定向高邮北门实施主要突击，部署以 64 团沿运河大堤攻击高邮北门；66 团及高邮独立团攻击城东北之重要据点泰山庙，得手后向高邮城内攻击；68 团攻击高邮南门；70 团攻击高邮东门；72 团主力担任攻城，并以一部分兵力向高邮湖方向警戒；同时以华中野战军司令部特务团攻击高邮城南车逻之敌，确保第 8 纵队侧翼安全。

战斗打响后，64 团迅速出击，从西北方向突袭高邮外围，1 营顺着高邮湖边的堤上公路推进，2 营负责攻打敌据守的洋面粉厂。2 营某连指导员带头和战士扑过两条河，爬上了洋面粉厂的土围子。突击队第一组组长李克宗拉着嗓子喊："同志们，下河！"自己扑通跳了下去，河水很深，咕咕地喝了几口水，但他第一个冲进了土城。另一位突击组组长李祝三不会游泳，在水里翻了几个跟头，喝了几大口水，还是奋不顾身地爬上了土围子。突击队员们像壁虎一样贴着土围子上去了，敌人慌了，炸弹与枪声响成一片。2 营 1 连突击队队长陈加玉在猛烈的炮火中高喊："同志们，跟我来呀！"战士们向前冲去，洋面粉厂的全部敌人在慌乱中放下了武器。2 营当夜拿下了洋面粉厂后，扎到北门边的一座寺庙。

天亮后，日军马上在炮火等火力掩护下沿运河大堤反击。当时担任阻击任务的 3 营 7 连的连长是任贵云，政治指导员是袁俊。连长是有名的猛将。经激烈抗击，日军只攻击到河堤上的一座独立家屋旁，个别日本兵爬上了房顶及墙。7连就在屋子的底下和墙的东西两侧顽强阻击着。兄弟部队用猛烈的火力侧射日军，支援7连。64团3营的秦镜营长看见日军后面关帝庙旁边有一座大碉堡发出了猛烈的火力射击，马上叫机枪手封锁住鬼子碉堡上的枪眼，机枪手奉命立刻向日军的碉堡猛烈射击。秦镜营长看见他打得不准确，压不下敌人火力，于是，马上把墙上原有的枪眼掏大一点，拿过他的机枪就打，几个急速点射，子弹大都射进了日军碉堡的枪眼里，把敌人的火力一下子打哑了！秦镜正打得来劲儿，突然敌人在碉堡墙壁上另一个枪眼内，向64团一阵猛扫，一颗子弹把站在秦镜右边机枪手的左腮帮穿了个孔。7连一直顽强拼斗到快中午，伤亡较大，指导员袁俊也负了伤，但是，没有后退一步。日军也付出了很大的伤亡代价，看看没有得逞的指望，只好灰溜溜地撤退了。3营一鼓作气，7连、8连和9连协同一起发起强攻，一举攻打下了敌人阵地。至此，64团肃清了北门以西及以北的城外敌人，开始积极做着攻城的准备工作。

66团负责攻打日伪据守的泰山庙、真武庙、承天寺、放生寺、观音庵、如意庵等大小10多座庙宇及坚固工事。很快，一处处高大坚固的庙宇、工事都被逐个攻破。扫清残敌后，66团又乘胜进攻，一夜间就从双庙、泰山庙一直打到城边的关帝庙。

66团3营8连担任攻泰山庙时，部队要越过一条河，3排8班班长薛如进领头就跳进冰冻的河里，接着副班长柏春林、王德胜也不顾敌人火力的封锁强渡过河，在土围子下王德胜身上中了三弹，棉衣、弹盒都被打穿。参加过江南三次反顽战斗的战士李元中不识水性，却大胆地扑下河去，沉在水里喝了很多水，旁人把他拉上岸，他吐出了喝下的水，立刻把手榴弹往土城上扔，掩护后面战士登岸。8连的两次突击把敌人逼到泰山庙，敌人居高临下，弹如雨下，薛班长沉着地带战士往上攻，伪连长被炸死，伪营长受重伤，其余狼狈地丢下泰山庙逃跑了。这时突击连战士的棉衣已全被冰冻结，脸都冻得发紫，但谁也不叫苦。王德胜很早就要求加入中国共产党，这次在战斗中的英勇顽强，被批准入党，他兴奋地说："攻城战我还要求加入突击队，和敌人干一下！"

66团攻克泰山庙后，接着攻打关帝庙。关帝庙有两重殿宇，敌人在山门前筑有碉堡，碉堡前挖了深沟，深沟前拉了铁丝网，铁丝网前又有河水围绕。这对66团攻城部队造成很大阻力。5连突击班为了掩护全连从西侧过河，冒着敌人密集的枪弹从小桥上冲了过去。但过河后，被前面的深沟所阻。敌碉堡里的机枪不停地疯狂扫射。如果不及时拔掉这个敌军火力点，5连就很难冲进庙内消灭敌人，更不能保障团主力完成攻城任务。

突击班班长黄甫其是当地人，对这里的地形很熟悉，只见他环视了一下四周，迅速带领全班撬开了脚下石板，阴沟出现了。大家顾不得一股股恶臭扑鼻而来，马上顺着沟钻了进去，跟着黄甫其往前爬行。大家爬出沟外一看，正好绕到了山门边敌人的后侧，战士们一阵手榴弹甩过去，正在拼命射击的敌人还弄不清是怎么回事，就伤的伤，亡的亡，其余的都当了俘虏。

5连冲到前殿，敌人退到后殿，指战员们又冲了上去。一股狡猾的敌人爬上屋顶，对着前殿又打枪，又扔手榴弹。黄甫其请示连长批准后，马上带领全班打穿了侧面的一排厢房的墙壁，顺着梁柱爬上了屋顶，架起机枪一阵猛扫，把后殿屋顶上的敌人打得连滚带爬。5连连长趁机指挥全连冲进后殿，敌人设在城边的这个较大据点被66团攻克了。

68团负责攻击南门。2营从高邮南门外（东南脚下的宝塔）向西，3营从运河坝向北，采取偷袭与强攻相结合，对守敌进攻。1营为预备队。敌人在城南外围有一支伪军和伪区公所壮丁共约700人防守，周围利用两道护城河和南门外的一条街道、民房为依托，作为外围据点，沿护城河筑起一人多高的土围子，土围子上构筑土碉堡，并以连为单位在南门外筑成小围子据点，组成两道防线。

3营的尖兵连9连在漆黑的夜幕中，毫无声息地进入了距五里坝一里许之运河堤。说来也巧，尖兵连竟遇上一支抬着花轿接新娘的队伍，正慢慢地向五里坝移动。尖兵连在夜幕中，抵近运河大堤时，就不声不响地跟着接新娘的队伍前进，在群众掩护下接近了敌人。

当敌人哨兵发问和盘查时，尖兵班在排长顾培春带领下，突然一拥而上，将敌人哨兵抓住，攻进了碉堡和宿舍。里面的敌人，还在蒙头大睡，9连未放一枪，就解决了五里坝之敌。3营7连紧随9连之后，迅速通过五里坝，直奔敌纵深据点奶奶庙。该庙周围设有围墙、外壕，庙内驻有伪军一个连。当7连翻越围墙进入奶奶庙时，里面的敌人竟还在睡觉！就这样，7连也未打一枪，未伤一人，解决了一个连的敌人。当7连正在处置这股敌人时，城内日军一个中队，叽里呱啦大喊大叫着，沿运河堤跑步前来抢夺新四军已占领的奶奶庙。7连正处于敌人侧翼，顺势展开火力向其一阵猛打。日军被打得滚下河堤，后撤逃进了南门内，又关起了城门。7连沿着街道民房，逐屋搜索前进，直抵高邮城南门外的护城河，但见城南门紧闭，立即在民房的墙上打了枪眼，利用地形构筑工事，做了防敌反扑的准备。

经过一个晚上的激烈战斗，第一道防线的敌人在拂晓前已大部被歼，只剩三分之一退到城墙下的主要街道和第二道护城河前面的最后一道防线坚守，利用店铺和构筑的碉堡负隅顽抗，企图阻拦新四军前进。68 团采取近迫作业、巷战、逐屋前进、分割包围等手段围歼敌人。城外敌人除少数逃回城里和躲在东门脚下的宝塔上之外，大部分被消灭。

敌人的两道防线被突破后，2 营继续围攻宝塔上的敌人。因东南边城墙的魁星楼和城外的宝塔被敌人控制，对东南边的 66 团、68 团攻城部队危害极大。为了总攻的顺利进行，必须消灭宝塔上的敌人。因此，纵队首长命令 68 团想尽一切办法消灭宝塔之敌，并且给该团配备了一门 92 式步兵炮。

68 团开始向宝塔开炮射击，但打了 80 多发炮弹都未能把宝塔的第二层门打穿，部队只好架梯爬到塔上挖洞，塞手榴弹。正当第二梯队集合攻击时，不料敌人的两发炮弹在攻击部队中爆炸，当场伤亡 20 余人，攻击受阻。原来宝塔至城有地道，因而，当新四军开始向宝塔开炮射击时，敌人就躲到地道里去了。当新四军集中兵力向敌进攻时，敌人就从地道出来阻击。68 团的司务长去给攻打宝塔的指战员送饭，他说话声音比较大，被守塔的伪军排长听出是他们原来的营长。这样，通过司务长做工作，伪军排长率领部下向新四军投降，久攻不下的宝塔得以顺利攻下。

战至 20 日中午，68 团已占领南关；64 团已占领北关，直逼北门；66 团、70 团、72 团和高邮独立团也分别完成了各自的扫清外围任务，直逼城墙。6 支劲旅，兵临城下，把高邮城团团围住。至此，战役第一阶段的目的已经达到，收复邵伯和扫清高邮城外围之敌的作战任务已胜利完成。

四　攻克高邮

亲临前线

邵伯战斗一结束，粟裕立即组织指挥部队进行收复高邮的第二阶段作战。他与第 7 纵队首长管文蔚、姬鹏飞、张藩、胡炳云等人进一步研究了扬泰出援之敌可能的动向，及宜采取的相应对策和具体打法后，旋即率领指挥所人员，星夜赶到位于高邮东北处的华中野战军司令部,听取了高邮外围作战情况及第 8 纵队下一步攻城准备情况的汇报。12 月 22 日凌晨，粟裕又同陶勇一起视察了高邮城外地形，特别深入地考察了东门外地形，询问了北关、南关部队的准备情况，并做详细部署，他指出 :“东门外地形平坦开阔，门内日军司令部驻地是其兵力、火力部署的重点所在，我军不易接近，亦不易突破，但在我军外围作战、攻击城东宝塔时，曾用过日本 92 式步兵炮，这使日军对东门不敢掉以轻心。对此我们要加以利用，用 66 团在城东造成攻击声势，接近城墙时为了少伤亡，除利用现有的众多交通壕和低胸墙工事外，还可利用夜晚将交通壕尽量挖近城墙，同时以草袋、麻袋装土，在距城墙数十米、百把米外，将低胸墙工事一律堆成与城墙同高，甚至高过城墙的半圆形堡垒。每隔几十米一座，将轻重机枪架上去，以强大的火力压制城墙上的敌人。总攻时要用迫击炮、步兵炮、山炮射击，轰击东门内日军司令部。总之，一定要在东门紧紧牵制敌军主力，以利我北门和南门主攻方向作战。”粟裕特别强调说：“我军的主攻方向是北门和南门，尤其是北门。我军已占领的南北关本身就是两个较大的集镇，房屋连房屋一直到城门的城墙脚下。我军可打通民房，接近攻击目标。南北门的日伪军虽多，但我军火力强，容易突破。一定要周密地做好总攻准备。”他问陶勇：“用三天时间做准备，三天后发起总攻，能不能准备好？”陶勇若有所思，眼睛一亮忙答道：“能！”

粟裕继续指出：“西城墙和西门外紧挨着公路、运河、高邮湖，地面纵深很小，我军展不开大部队，敌人又居高临下，因此敌人很可能认为我不会置重兵于此。对敌这种心理，我们也要加以利用。64 团可用一主力营利用夜晚从北关镇的北头翻过公路大堤，沿大堤西侧隐蔽运动到城墙的西北角偏南地段。在我军向其他方向各门猛攻之后，该营迅速翻过大堤，尽量以偷袭的方式，用云梯爬上西城墙，以主力沿城向北城楼攻击，接应攻北门的兄弟营，迅速攻破北门，并防止西门之敌向北增援。总之，一定要保住突破口。切记：此处力争偷袭，充分准备强攻，偷袭不成，旋即强攻，以收神效。”

粟裕司令员还强调：“张司令员有什么指示，你们一定要切实执行，我静候你们的胜利消息！”

做了收复高邮的部署后，粟裕司令员便同作战科科长严振衡等随行人员一起回到野战军司令部，并派了一些参谋人员下到各个主要的参战团，随时了解总攻准备进展情况。陶勇回到第 8 纵队司令部后，又对总攻部署做了进一步调整。

新四军在东门外很快筑起了一座座半圆形工事，相距四五十米一个，又高又大。在这些工事的掩护下，部队以强大的火力压制着城墙上的敌人。部队炮兵在东门外向敌人开了火，敌人一见大炮在东门，敌人的主力都向东门集中。经过 12 月 22 日到 24 日三天准备，部队又把山炮运到北门偏西的地方，这样既可打北门，也可打西门。南门也放置了大炮。部队做好攻城的准备工作，特别是爬城墙的大梯子，突击连要每班一架。原本准备用竹梯子攀登高邮城四周高耸的城墙，后来发现其中有些竹梯长度不够，大家集思广益，用木制电线杆绑成梯子，长度够了，但较为笨重，抬到城墙脚下不容易。主攻部队成立突击队，广大指战员争先恐后地报名。部队通过传达贯彻党的七大精神和军区首长颁发的《告全体指战员书》，动员、教育干部战士，纵队上下群情振奋，斗志昂扬，誓师攻城。一切准备工作都在紧张有序中顺利完成。

攻心战术

第 8 纵队完成了第一阶段扫清高邮外围的作战，把敌人围困在城内后，日伪军一直龟缩在高邮城里，虽然城头还插着日本旗，但已如秋日黄叶，飘飘悠悠终归要掉落；尽管城楼上的警戒全部换上了荷枪实弹的日本兵，并不断向攻城部队阵地射击，也今非昔比，失去了往日的威风。不过，由于日军内部严密封锁天皇宣布无条件投降的消息，士兵们的武士道精神还在作祟，不时地还用速射炮连珠似的向外乱打一通，既像是为自己壮胆，又像是向攻城部队示威，摆出了一副硬拼到底的架势。针对这种情况，攻城部队在发起攻城之前，首先发动了强大的政治攻势，进行攻心战，以瓦解日伪军。

在军区敌军工作部的指导下，攻城部队展开了敌前喊话活动。敌工部部长陈超寰带来“日本反战同盟”“朝鲜独立同盟”的十几位盟员来前线协助，他们用日语喊话，城内敌人听得清清楚楚。开始，敌人听不进去，话筒一响就招来一阵机枪扫射和炮弹轰击，还夹杂着几声日军的野蛮叫骂，但渐渐枪声稀少了，骂声也消失了。

“喂，日军士兵们，你们被包围了，逃不掉了！”

“天皇都下令投降了，你们还卖什么命！”

“不相信吗？那就读一读你们天皇的诏书，听着：‘我兹命令日本帝国大本营，即刻下令日本一切武装部队及不论驻在何地的日本控制下的武装部队指挥官，他自己及他们率领的武装部队无条件投降！’怎么样？快放下武器吧！”这一下，蒙在鼓里的日军士兵开始动摇了。

“再读一段日本人民解放同盟代表野坂铁给你们的信！‘我以日本同胞的身份，奉劝指挥官及士兵诸君，携带武器来投八路军、新四军吧！我们绝对保证诸君的生命安全，尊重诸君的人格，待形势安定，交通恢复后，我们将送指挥官及士兵诸君返回祖国——日本。’”接着又播放了《思乡曲》等日本歌曲。

高邮城门外十几公尺就是密集的民房。64团制作了许多大标语，宣传股人员趁黑夜挂在老百姓的楼外。第二天一早，城上敌人就看到了醒目的大字：

你们为谁流血？

你们的父母姐妹在等待着你们。

放下武器，保证生命安全！

政治攻势大多采用的一种形式就是传单，这些传单既要体现新四军政策，又要针对敌伪思想状态，而且要简单明了，通俗易懂。政治部人员一起动手，开动脑筋，有时一人作一首，有时一人一句地编了不少顺口溜式的绝句，比如："天寒地冻破衣裳，你为谁人守城墙；不如出得城头来，弃暗投明求解放。"政治部宣传股就像一个小印刷厂，一批又一批精致的油印小传单不断地生产出来。这些小传单，有中文的，也有日文的，有文字，也有图画。宣传股人员刻不好日文，"日本反战同盟"的战友就动手来刻，宣传股人员再给配上图画。

"日本反战同盟"的人还写劝降信派人送进城去劝降。第8纵队政治部人员还在城外高房顶上张挂劝降大标语，并印制传单用大弓箭射进城里去。因城高，射不进，就用迫击炮把成捆的传单打进城去。最成功的是发明的土飞机——用厚厚的牛皮纸糊成两米宽、四米长的瓦式大风筝，放飞飘到高邮城上空，风筝上捆着一包包传单，每包传单旁边点着线香，线香有长有短，先后烧断捆传单的绳子，传单就一包一包地散落下去，像雪花飞舞似的飘进高邮城的每一个角落。强大的政治攻势，对敌军起了有效的瓦解作用，城内日伪军开始动摇、分化。不久，两个日本兵晚上出城修铁丝网时，趁机跑出来投降。据这两个士兵反映，天皇投降的消息再也封锁不住了，日军内部十分混乱，士兵们和部分军官认为再流血已无意义，但部分指挥官仍要执行其上司命令，等待着只向国民党军投降。

在攻心战术大收成效之际，向解放区进犯的国民党军，匆匆忙忙采取了卑鄙的行动。他们一面密令高邮日伪军“共同固守待援”，一面公开派出其刚调来扬州的 25 军 108 师师长率全部日械装备的国民党部队，并配有日军顾问的一个团 500 余人，伪军 4000 余人，由仙女庙出动，扑向已被新四军解放的邵伯镇，并企图增援高邮，以解高邮之围。国民党军的战斗机，为配合地面部队向新四军进犯，也不断飞来飞去，盘旋袭击，低空扫射，形势十分紧迫，粟裕司令员当即决定：立即向高邮发起总攻！

攻占高邮

1945 年 12 月 25 日 5 时，第 8 纵队在苏中军区炮兵团强大火力支援下，冒雨发起总攻。

68 团担任攻击南门的主攻任务，第 7 纵队调来一个机炮连支援他们。68 团的布置是：从运河坝到南门城楼东为 1 营的战斗攻击点，集中力量攻南门城楼。第 7 纵队的 92 式步兵炮主要是担任摧毁城楼的两座碉堡。团部直属机炮连和 1 营的轻重机枪封锁其他枪眼。从东南魁星楼以西到南门城楼一线，为 3 营攻击点。2 营和 72 团的两个营（附属 68 团指挥）为预备队。

高邮城墙高约三丈（主要由日军担任防守），城下有一条护城河，又宽又深。南门城外对着城门有座桥，敌人已把桥破坏了，且在桥的对面堆设障碍物，城门被沙包堵塞。68 团首先用炮火把桥梁上的障碍摧毁，随后又摧毁了城楼上的三座碉堡。架桥部队立即投入战斗。桥架好后，三颗信号弹划过天空，全团司号员（集中在三个场地）吹响了嘹亮的冲锋号，总攻开始了。顿时，整个阵地硝烟弥漫，炮火连天，弹痕遍地，军号声、冲杀声响彻云霄，闪光弹在天空飞舞。

战士们突破几道障碍，徒步过了护城河。刺骨的寒冷侵入骨髓，战士们顾不得那么多，直奔城墙。负责架梯子的是1营1连6班，他们爬到护城河时敌人就发觉了，手榴弹像雨点似的投来，各种武器也一齐向他们开火。6班有12名战士，伤亡了10人，只剩下王文起、张庙根两个人。在这紧要关头，他们没有退缩，冒着敌人密集火力，继续前进。许多梯子都被敌人推倒了，而王文起、张庙根两个人却架梯成功。敌人拼命撒石灰阻止战士攻城，恰恰下起了大雨，石灰被淋湿，不起作用了。王文起、张庙根首先登上了城墙。突击班前仆后继，前进受阻。1连战士戴文祥英勇机智地迂回到敌碉堡后侧，利用死角，连续打下七个地堡、缴枪18支，扫清前进道路，创造了孤胆作战的范例。经过20

新四军向日伪发起冲锋

多分钟的激烈战斗，第一梯队（1 连、2 连）全部攻上城楼，在城楼上与敌人展开白刃肉搏战，把日军压到城墙脚下，并乘胜追击，与敌人在南门内城脚下进行巷战，击退了敌人的多次反扑，城楼上和城门脚下被刺死之敌达 40 余人。这时 2 营也攻进城里，并一直打到城的西北，把企图向高邮湖逃跑的敌人歼灭在西门的运河两岸。

当部队登上城楼时，五个红灯笼高挂城楼，俞炳辉团长随后登楼。当登到第三层时，不幸中弹负伤，但还继续指挥战斗。部队进到城里后，团指挥所设在南门下的一个姓高的家里，并立即把进攻情况打电话报告纵队部。彭德清副司令员立即从南门突破口进城，指挥整个战斗。

总攻开始后，按作战部署，64 团 1 营负责攻打西城门;2 营及 72 团，负责攻打北城门;3 营在 1 营和 2 营及 72 团中间，负责突破城墙打攻坚。

64 团 1 营 3 连突击班班长袁金生好像一把锋利无比的钢刀，带突击班向高邮城西北方向悄悄地冲了过去。守城的敌人很快就发觉他们的行动意图，哨所和碉堡里机枪几乎同时开了火。第 8 纵队的炮火和配属的轻重机枪火力立即盖过去，在火力掩护下，袁金生低声命令道：“快！快！”战士们从城北蹚过护城河，抬起云梯靠上了城头。突然，火光闪了两下，敌人将点燃的两个桐油火把从城墙上甩下来。“卧倒！”袁金生招呼战友们。敌人两颗手榴弹响了，袁金生脚上负了轻伤。他不顾伤痛，一边命令火力掩护，一边指挥战士陈依喜利用照明的火光迅速架好梯子。“快上！”袁金生急切地催促道。突击组组长蒋万宽首

第8纵队副司令员彭德清

先登上梯子向上爬去。夜幕里模糊的城墙显得特别高大，蒋万宽眼看快爬到城头，敌人突然伸出钩镰枪将梯子推倒，幸好下面的战士连扶带接，蒋万宽才没有摔伤。城上，传来了日本兵狰狞的笑声。袁金生见此情景强压怒火，心里盘算着，刚才梯子是架在女儿墙，敌人容易发现，又便于使用特制的城防武器钩镰枪。如果架到城垛的凸处，敌人使用钩镰枪就必须站到女儿墙上。那时狙击手就可以打掉他！于是，他一边命令火力组的狙击手掩护，一边和战士迅速抬起梯子朝墙垛的凸处再次架上去，然后冲着身边的战士付焕清说："跟我上！"话刚出口，蒋万宽却倔强地拉开袁金生班长，说："还是我先上！"他边说边登上了梯子。袁金生不放心地也跟着爬了上去。蒋万宽快爬到城头时，

新四军登城作战

敌人好像听到了动静，从女儿墙中间露出身影。64 团狙击手弹无虚发，接连撂倒两三个敌人。袁金生和蒋万宽迅速地登上城头，扔出几颗手榴弹，爆炸声里，传出两声惊叫，日伪军被迫退开。在烟雾弥漫的刹那间，他们乘势跃上城墙，分别向东西两侧投出几颗手榴弹，将城垛两边的守城敌人消灭。其余的战士继续爬上城墙，占领了一小块阵地。

城墙是突破了，但袁金生和战友们并没有脱离险境，他们占领的地段只有 30 多米，而东西两侧各设有一个用沙包垒起的掩体。敌人在工事里两面进行夹击，更困难的是袁金生他们同连队已失去了联络，仅仅一个班的兵力战斗在城墙上。袁金生派一名战士下城墙去联系部队后，一个班只剩 10 个人了。但袁金生临危不惧，沉着指挥，他命令副班长带第二、三突击组向东发起攻击，自己则组织第一突击组和火力组向西扩张战果。正在这时，东面的枪声像炒豆般响起来，有一股伪军凶神恶煞般反扑。袁金生立即指挥火力组向反扑敌人猛扫一气，才把敌人打退。第二、三突击组乘胜攻占了东面掩体。紧接着，袁金生又带领第一突击组攻占了西侧敌人的沙包掩体。这样一来，全班不仅打开 100 多米宽的突破口，而且初步扎住了阵脚。然而，胜利之中袁金生却保持着清醒的头脑，在后续分队没有跟上来之前，任何松懈都将招致全盘挫败。尤其两侧的敌人必然以百倍的疯狂进行拼命的反扑，架在正南墙垛上的敌人一挺重机枪也在用火力增援，突破口有得而复失或被封锁的危险。面对严峻的形势，他将全班做了调整，由副班长带领第一突击组和火力组守西侧沙包掩体；第二、三突击组则守东侧阵地，袁金生和战士付焕清在中间做机动兵增援。

西侧城角原有一个碉堡，攻击开始即被新四军迫击炮的抵近射击揭开了盖。但里面侥幸活命的十几个日军这时都使出武士道精神，呀呀呀地反扑过来。袁金生跑到西侧沙包掩体的机枪射手身边吼道：“瞄准点，狠狠打！”机枪嗒嗒地扫了两个长点射后哑了！袁金生扭头一看，糟糕，机枪发生了故障。他急忙端起步枪乒的一声毙了冲在前面的一名日军。反扑的敌人简直像发了疯似的，竟冒着浓烈的硝烟不顾死活地端起三八枪怪叫着往前冲，并很快接近了掩体。这时已来不及发挥火力，袁金生心中的怒火忽地燃烧起来，他端起步枪冲出去，战士们也跟着冲上去，同敌人拼刺刀。一个刀条脸的日军向袁金生刺来，脸色铁青，两道短粗的眉毛不停地抽动着。袁金生迅速隔开对方枪刺，几乎同时向对方刺过去。“杀！”锋利的刺刀刺进日军的左胸。袁金生拔出刺刀，见另一名日军同战士付焕清抱在一起，在地上滚来滚去，又如猛虎扑食般从侧面用手榴弹将敌人的脑袋砸开了。袁金生的模范带头作用使战士们的斗志大增，先后刺死、刺伤六名日军，其余的敌人仓皇逃向西侧残堡，战斗呈胶着状态。

西边的日军刚刚被击退，东边的伪军配合日军发起反击。袁金生立刻赶到东侧阵地，他见第二、三突击组牺牲了一名战士，伤三人，便鼓励战士们说：“部队很快就上来了，我们一定要坚持住，坚持到底就是胜利！”轻伤员骨碌一下爬起来，拿起武器参加战斗。为了节省弹药，打敌人一个措手不及，他叫战士们隐蔽好，每个人备两颗手榴弹。日伪军向前冲了一段，见没有什么动静，以为战士们畏惧了，便大胆地向前冲击。当快接近突击组坚守的阵地时，袁金生一声吼：“投！”十几颗手榴弹纷纷落进敌群里。顷刻间，爆炸声和嚎叫声搅在一起。敌人遭到出其不意的打击，失去了锐气，又狼狈地逃了回去。

过了五六分钟的时间，退守到西侧残堡里的日军又纠集了10多个伪军发起反扑。袁金生急忙返回西侧。这时，突击组组长蒋万宽负了重伤，只剩三名轻伤员在坚持战斗，而且弹药寥寥无几，形势越来越严峻了。袁金生急中生智，大声喊道："架起机枪狠狠打！"每个战士很快答应一声："是！"接着把机枪弄得哗啦哗啦响。袁金生趁机喊道："伪军弟兄们，再往前冲我们就不客气了。"这一招很灵光，伪军果然不动了，蹲在原地毫无目标地瞎打一通。可是剩下的十几名日军继续往前冲。袁金生把最后两发子弹压进枪膛，乒的一声消灭了一个鬼子。战士杨柏金也投出剩下的一颗手榴弹结果了一个敌人。这时日军已经距离八九米远了，袁金生端起步枪又消灭了冲在最前面的鬼子，一边高喊"有种，跟我冲啊！"，一边跃出掩体。其余的战士跟着冲上去，同敌人展开白刃战。袁金生一人对付三个鬼子，他端着三八枪一会儿左挡右刺，一会儿又来个侧击，三个鬼子都奈何不了他。战士们刺刀拼断了就用枪托砸，用铁锹砍，有的同敌人厮打一起。正值双方混战在一起，厮杀得难解难分时，3连相继登上城墙与袁金生的班会合，并猛烈向北门楼方向发起攻击。袁金生一个班拼死了17个鬼子。袁金生一人拼死了七个鬼子，还在坚持拼杀。袁金生和他带领的突击班率先把敌人防线挑开一缺口，又像根钉子钉在那里，对攻坚战起了关键作用，所以，他荣立特等功一次，并被华中军区授予"特等战斗英雄"称号。

战斗英雄袁金生

64团1营营长（团突击队队长）邓若波不失时机地率1连紧跟3连登上城楼，巩

新四军登城作战

固阵地，接应后续，扩大成果。2 连从南侧也爬上了城墙，并跳进城里，迂回到敌人碉堡后面打了起来。可是前面又遇到敌人一个碉堡，歪把子机枪不停地射击着，城墙封锁得严严实实，2 连连长高锦标对指导员严安林说："干脆我带人跳进城里，迂回到敌人碉堡后面去打！"正巧这时，敌人的机枪卡壳了，高连长一挥手，带领战士们跳下去，一会儿从敌人后面打了起来。敌人见两面受击，退路已断，便丧失了抵抗的勇气，碉堡里叽里呱啦吵了一阵，接着伸出一面小白旗，枪也扔了出来，"武士们"投降了。2 连将碉堡刚拿下来，3 营营长秦镜率部队迅速从那里登上了城墙，与 1 营部队协同作战，猛烈向西门方向冲击。这时副团长林少克率 2 营部队勇猛地打开了北城门，全团部队迅速向城中心和西门突进。

华中野战军第8纵队攻入高邮城

68团第二梯队投入战斗后，很快在城中心与64团会师。彭德清立即向亲自进城指挥作战的陶勇司令员汇报了68团作战情况及下一步行动。

总攻开始后，66团以1营、2营为突击营，各展开两个连进行突击。2营的任务是攻占东门城楼及以南二三百米城墙，1营在2营右侧展开突击。东门及其附近城墙全是日军守备（伪军不准进入其防区），火力较强。日军居高临下，攻城部队的登城梯子不断被日军推倒，第一次攻击未成。不久第二次冲击，因敌火力太猛，伤亡较大又失利。这时团政委姚力来到2营指挥所督战。12月26日0时左右，全团轻重机枪和迫击炮一齐开火，纵队的炮兵团也给予有力的支援，1营、2营四个连趁机同时爬梯向敌冲击，手榴弹在城墙上到处爆炸，“杀！杀！”的喊杀声震天，刺刀拼得乒乓响。此时，64团、68团已攻入城内，火力也逐渐向司令部方向压过来，迫使日军将东门方向兵力调走了一部分，而且几个突击连已在城墙上与日军拼杀，一下就把日军冲垮了。日军伤亡一部，大部向西、向南逃跑。

这时2营营长赵云鹤发了3发信号弹，向上级报告已攻占了东门城楼和部分城墙，营政委吴文斗迅速率6连（6连连长陆长明在日伪军反击泰山庙时负重伤）登上城墙。此时姚力政委亦随6连登上了城墙。

预定的方针是66团突破日军以城墙为主的防御体系后，会同64团首先围攻离东门不远的日军司令部，迫使未被歼灭的日军投降。这时64团1营的部队已冲进了日军司令部大院，64团2营的4连、5连正从四面八方冲进去。日军司令部大院原是一家有花园的私人住宅，前有大厅，后有一个四厢房的院落，日军占领后自称是“洪部”。1营1连1排3班搜索前进时被敌发现，日军即向3班用机枪扫射。3班非常灵活机动，班长立即命令战斗组组长殷文玉利用墙角以机步枪杀伤并牵制日军，掩护该班迂回过去。手榴弹、冲锋枪突然响起，日军大部倒下，剩下的敌人向大街上的一个大门里逃走。3班随日军亦冲进了这个大门，1营1连其他人亦随3班冲进了这个大门，哪知这就是日军司令部的大门。原拟12月26日4时左右待64团北门战斗结束后，抽出大部主力和66团协同一起攻击日军司令部的打算，就这样被64团1营1连首先冲进了日军司令部。随后66团的1营、2营（4个多连）多路迅速冲进了日军司令部。战后64团1营1连1排3班战斗组组长殷文玉被评为战斗模范。

新四军攻入日军司令部后，日军十分混乱，已无法顽抗。日军手中的武器虽大部被新四军先头部队缴下了，但成批日军手中还拿着武器，死也不肯放下，战士们大声叫喊“缴枪不杀”，形成对峙，形势紧张。这时66团政委姚力用日语加入喊话:“放下武器,保证生命安全。”随后，各连各排迅速在混乱中缴下了日军手中新装备的马枪、轻机枪、掷弹筒和手榴弹等武器。姚力政委见双方人员太多，部队秩序较乱，不易控制，随即命大院外面加强警戒，院内以排为单位相对集中，要求连排长一定控制好自己的部队;并命日军分散到各个房间里就地坐下，不准走动，加强监控；并组织收缴未被发现的武器、弹药和其他军用品。

不久，日军一个军官出来同新四军联系，表示同意投降，但要求与新四军最高领导谈判。谈什么，他闭口不说，只说是“我是奉命的”。这时12月26日3时左右了。

姚力政委立即用2营刚架好的电话向纵队首长报告：“日军司令部已被我攻占，战斗结束。日军要求谈判，请首长速派代表。”并报告:“日军司令部大院里部队太多，希通知兄弟部队不要再进入了。”同时姚政委令2营营长赵云鹏报告了团指挥所的张日清团长。

4时左右，纵队政治部主任韩念龙作为新四军高邮战役指挥部首席代表，在谢云晖副主任和敌工部陈超寰部长陪同下，来到日军司令部。日军最高司令官岩崎大佐于12月26日凌晨率部投降，战斗胜利结束。

天近拂晓，粟裕司令员带领警卫人员从突破口登上城头。张云龙副团长立即向粟裕司令员报告了战况，粟裕司令员看到了这个壮烈的场景，连连竖起了大拇指，夸奖道：“不愧为老虎团！”并对袁金生说：“你是好样的，是英雄！”战后，在宝应城内召开了全纵队庆祝大会，粟裕司令员亲自宣布袁金生为华中军区“特等战斗英雄”，并亲自为袁金生戴上大红花。

战斗结束后，营连干部带部队找背风处跺脚取暖，衣服上冰凌哗哗直响，仍严令部队不许敲门，更不许进入民宅借取被褥衣袜。

日军盘踞6年之久的高邮城，终于回到人民手中。群众张灯结彩，敲锣打鼓，拥上街头纵情欢呼，送茶倒水欢迎新四军。高邮全城到处是兴高采烈的人群。为了严格执行群众纪律和城市政策，新四军除留有少数部队配合地方政府进行接收工作外，主力统统撤至郊外集结休整。第二天天亮后，空中又响起嗡嗡的飞机声。国民党原以为高邮日伪军仍在执行蒋介石的密令“固守待援”，所以仍派飞机在高邮上空转了个圈，乱七八糟地扔下许多给养就飞走了。以后，国民党的飞机依然天天光临高邮，但是不转圈了，也不扔给养了，而是来去匆匆，不顾东南西北地盲目扫射一阵子，很快就溜走了。

扬泰线战斗

正当第8纵队总攻高邮时，国民党军25军108师伙同500余日军和4000余伪军，由江都仙女庙向新四军邵伯以南阵地发起了进攻。

邵伯地区西靠邵伯湖，东临绿阳湖，中间是正面狭窄、水网密布的稻田地。第7纵队和苏中军区地方团，借第一阶段作战胜利的余威，利用工事及有利的地形条件，给进攻之敌以坚决还击。敌经反复冲杀，伤亡巨大，而新四军阵地始终屹立不动。12月27日，当敌得知新四军已攻克高邮，战果辉煌，仓皇向江都溃逃。第7纵队主力奋起追击，斩获颇丰。至此，除扬州、江都及泰州仍为敌占外，扬泰线上其余地段均为新四军控制。

根据高邮战役的总体部署，在第7纵队攻克邵伯的同时，华中野战军特务团和苏中军区、华中第一军分区、华中第二军分区部队，发起了消灭扬泰线上的日伪军据点的军事攻势。江都独立团分别从丁沟、宗村、小纪等地出发，配合兄弟部队攻击扬泰公路之敌。12月24日，华中野战军特务团和江都独立团突袭扬泰公路，攻击据守砖桥据点的伪军第24师第93团一个连，经激战，将该连歼灭，生俘伪军30余人。华中第一军分区一个团攻克仙女庙与砖桥之间的三坛庙伪军据点，全歼守敌一个连。26日，华中第二军分区4团和江都独立团经两个多小时的攻击，攻克宜陵镇，击溃日军一个小队，伪军一个团共1000余人，紧接着27日至28日，向彭家庄伪军据点发起攻击，全歼驻守彭家庄的伪军第24师特务团，生俘伪军1000余人。29日至30日，华中野战军特务团连克塘头、周家楼伪军据点，歼灭伪军第24师第94团。12月27日至次年1月1日，第7纵队和第二军分区主力各一部围攻伪军第24师师长王剑斋的老巢郭村，激战五日，拔除郭村外围多处据点，歼灭伪军七个连，余部随王剑斋逃往泰州方向。至此，新四军先后拔除扬泰线上日伪据点16处，歼灭伪军4000多人，扬泰线被新四军控制，大桥、嘶马、吴家桥到丁沟、樊川、小纪、郭村等地解放区连成一片。

受降仪式

高邮的东半部，原有一座花园，是一个草木茂密、繁花似锦的幽静之处。日军侵占高邮后，看中了此处，围以电网，将高邮派遣部队最高司令部设在此地。经过激烈战斗，残存的日军已面临灭顶之灾，忙派出一名军官同华中野战军联系，说愿意投降，但坚持要同华中野战军代表“正式谈判”云云。

第8纵队政治部主任、受降代表韩念龙

华中野战军司令部派出第8纵队政治部主任韩念龙、联络部部长陈超寰作为代表，到达日军司令部谈判受降事宜。一个50来岁的日军大佐，全副武装，挎着指挥刀，笔直地站在那里，目光阴森，高声喊叫：“我是大日本皇军高邮派遣军最高司令官，我只同你方最高代表谈判。”一个日军校级指挥官，又是华中野战军手下败将，日本天皇都宣布无条件投降了，还要威风。韩念龙盯着这个外强中干的日军大佐，然后严厉申明：“我就是我方最高代表，我代表新四军，命令你立即下令无条件投降。”

日军大佐见韩念龙态度强硬，口气也就软下来，但仍企图讨价还价，说他的旅团中心在南京，他们要回南京，为了路上安全，轻武器要带走，重武器和一切弹药、给养全部留下交给新四军。对此，韩念龙当即义正词严地予以驳斥，再次指出：“你们只能无条件投降，至于你们投降最后的一切安排，我们自然会按照我军宽待俘虏的政策妥善处理。”

此时，有几个日军军官不断进进出出，交头接耳，还不时地凑近他们司令官的耳边嘀咕几句。大概这位名存实亡的城防司令官已经得悉，全城已被新四军严密控制，再要花招是自讨苦吃，于是，突然间换了一副面孔，武士变成绅士，满脸堆笑说：“代表，请坐，我同意无条件投降！”

高邮日军投降了！粟裕司令员听后十分高兴。他很快轻装简从进入东门，在夜里来到日军司令部大院，一进院，他看到一个日本军人正在焚烧文件，当即跑上去用脚将火踩灭，抬头看见跟随66团攻进城的华中野战军司令部侦察参谋张焕文，就吩咐他："立即收缴一切文书资料，任何人不得销毁。"大院里，堆放着不少轻重机枪、步枪以及其他武器。新四军的一些战士想搬走，看守的日军不让搬，双方几乎争执起来。粟裕司令员当即指示严振衡科长前去处理：一切枪械弹药，均须造册点缴，受降式后再行分配。

受降式是在灯光黯淡的大厅里举行的。

大厅紧靠后墙处，摆着一排长桌子。桌面上均铺上了黄军毯。在长桌后边正中落座的是韩念龙主任，他的左右分别是助手和翻译。这排长桌的左边，站立新四军干部战士，长桌右边，立着两排日军军官，为首的是一名大佐，另一名是中佐。只见其中一个军官出列，向大佐行军礼后说了几句报告之类的话，就双手捧着日军花名册和军械、军

高邮战役受降旧址——公园礼堂

需登记册，恭恭敬敬地呈交给了大佐，然后退回，站在一边。大佐向韩念龙行军礼（其他日军军官行注目礼），双手捧着日军花名册和军械、军需登记册，毕恭毕敬地呈交给了韩念龙主任，之后他也退回，站立一边。韩念龙主任接过花名册，一一翻开，略加审阅后，即命令日军大佐指定专人陪同新四军人员去广场和仓库清点交接武器和物资，另派多人随同新四军到分散的被围的各据点，命令顽抗的日军迅速缴械投降，并宣布："一、投降的日军官兵，仍各回原住处待命，为了安全，活动限于院内，不得外出。二、战死的日军官兵，可按日本国习俗，予以火化，骨灰收好以备带回本土。三、受伤的日军官兵，将由我方医务人员协同日军医务人员予以救治。"宣布完毕，仪式即告结束。

粟裕司令员及随行人员，一直挤在新四军人员中，从头看到尾，最后才不声不响地离开大厅，走出大院，出了东门，回到华中野战军司令部。此事连韩念龙也没发现。那天要是韩念龙发现粟裕在场，他必定会从主座位上跑下来迎接，造成粟裕司令员受降的局面，那就既破坏了原定的方案，又抬举了日军大佐，这样显然是不适宜的。所以一向不事张扬、厌恶招摇的粟裕司令员，对于自己的不被发现是十分自信，而又颇为满意的。他个子不高，又无官架子，穿一件普通军服，又不曾前呼后拥，挤在一堆全神贯注看受降式的人群里，谁又会想到此时此地会有他在场呢？直到三天后，粟司令员在高邮城接见日本军官时，人们才知道此事。日本军官们不胜惊讶，不胜赞叹，深深表示："不胜感激之至！"连连念叨："不胜荣幸之至！"

始终居于日军官佐中心位置的那个岩崎大佐，还十分庄重地肃立在粟裕司令员面前，把一件紫光闪闪的冷兵器，双手高高地举过头，

生俘守城敵偽五千

蘇中我軍解放高郵

邵伯鎮亦同告光復

呂梁遊山煤礦區

日產二千餘噸

膠東行署

《解放日报》关于高邮战役报道

又双肩近膝地深躬，口中念念有词地说道：“谨将这柄远祖相传的紫云刀，敬献给久已仰慕大名的中国将军。”

1946 年 1 月初，高邮战役胜利结束。攻克高邮之战，计歼灭日军 1200 余名，其中生俘岩崎大佐以下近 900 名；歼灭伪军 10000 余名，其中生俘伪军第 42 师师长以下 3493 名；缴获各种炮 80 余发，轻重机枪 200 多挺，步枪 6000 余支，汽车 7 辆，汽船 3 艘，战马 100 余匹，其他军用品无数。新四军伤亡 600 余名。此役俘虏和歼灭日军之多，缴获枪、炮、弹药等军械物资之多，据史料记载，不仅在华中抗日战场上是空前绝后的，而且在全国抗日战场上也是少有的。

五 | 战场纪事

英模选粹

在高邮战役中涌现出许许多多战斗英雄，除前面已经介绍的袁金生等外，根据当年的报道、通讯，再向读者介绍几位英雄模范人物。

勇士马文照　马文照是华中野战军66团6连2排的5班班长，南通唐闸人，理发匠出身。1940年12月在掘港参加老三团，当战士，1941年6月加入中国共产党。几年来身经大小战斗不下三四十次，是战场上有名的战斗英雄。曾两次当选战斗英雄，数次获得物质奖励。这次高邮战役在攻占制高点泰山庙的战斗中，被全连再一次选为战斗英雄。

攻泰山庙时，5班是突击班。马文照首先带着全班战士占领都天庙，发觉那里的敌人已逃走，就跟踪占领泰山庙前一排瓦屋。后面的2班、3班这时也从右侧进至庙前碉堡。兄弟连队则在北面抵近庙墙。敌人在三面夹攻下，想夺得大桥逃走，正遇马文照，一挺机枪紧紧锁住大桥口。100多个敌人拿着大马刀，呼啸而来，这样反复突击三次，而改向北大街方向窜去。新四军完全占领了泰山庙。

高邮战役全体战斗英雄合影

“马文照”这名字就代表突击，代表勇猛，代表胜利。战士们都愿意用“战斗英雄”的称号称赞他。

“小鬼”李克忠　李克忠在战后军人大会上，被选作高邮战役的战斗英雄。因为他作战勇敢，同时又能自动地带领全班，提出口号，保持全班的战斗士气。

战前的党支部会上，他第一个响应参加突击队，他严肃地喊：“共产党员参加突击队！”“坚决完成党的任务，参加突击队，向2连、8连挑战！”大家在热烈的气氛中向党支书报了名。

军人大会上指导员做了一番动员，李克忠回到班里马上开会提出：“要做英雄模范，赶快参加突击队！”新战士徐焕清问：“什么是突击队？”他说：“用手榴弹向敌人丢，挺起刺刀向敌人戳，在前跑得最快，追得最快，缴枪多，俘虏多就是突击队！”在他的鼓励下，全班都参加了突击队。

高邮战役战斗英雄合影

1945 年 12 月 20 日到 25 日，各连队轮班日夜做工事。李克忠工作积极，又向大家提出上次动作慢的教训，他对新战士说："要多缴枪，多捉俘虏，不能听枪声就伏下来。""敌人一个人，我也一个人，他有枪，我也有枪，城墙一破，马上往里冲！"他又说："这次上级有了决心，就看我们有没有决心。"几天中，他的班，光会就开了八次，不单连续动员，还研究怎样架桥，怎样爬梯子，打进城去怎样作战。他的班不一定是主攻，他提前做好主攻的一切准备，还请示连长，让他的班做主攻。高邮之战，他们班是全连中战斗情绪最高，最有信心和决心的。

25 日晚饭后，雨哗啦地下，连长交给他的任务是带突击队把桥架好，弄好梯子。他们很快通过 200 多米开阔地，摸到河边。敌人发觉了，手榴弹丢下来一个接一个，城边一片白烟，火把从城头丢下来，照亮了城脚，日伪的火力向他们扫射。他们毫不畏惧，架好桥，拖着梯子冲过去，架好梯子，在弹片、白烟、火光中找路。冲过桥时损失了一位战友——施文俊战士牺牲了。回到连长那里，第二次接受的命令是攻上城，占领城头碉堡。当他爬上去时，日军已在整个攻击下投降了！

他是南通西亭人，年仅23岁，身材矮小，人家叫他“小鬼”，道士出身，1942年参军，1944年8月入党，9月讨伐陈泰运部战役中被选为战斗模范。

周海和李进　　把用三根大毛竹扎成的“桥”架在一条离城墙不到200米没有掩蔽的城壕上，让攻城突击队由此通过，这项艰巨的任务落在班长周海头上了。担任这样紧要又危险的任务周海还是第一次，但他并不慌张，淋着雨跑到副班长李进那里说：“李进，我们都是共产党员，我们要向党保证完成任务。”李进点点头，周海更壮了胆：“我们向8班挑战！”

漆黑的天哗啦地下着雨，还刮着风，部队行动了。

周海抬着“桥”走在第一个，后面是何喜鸿、陈阿根、周子政和两个夫子，“桥”很重，压着肩膀发酸、发痛，后来就麻木了，路上泥泞不堪，背上已大片地淌汗，雨又打湿衣服，湿漉漉地粘成一团，好不容易抬到了土碉堡那里。从土碉堡到城墙是一片200多米的开阔地，人一点隐蔽也没有。远处已打起来了，机枪咯咯地叫着，子弹在天空中嗖嗖地飞过，跟着两道通红的火线。轰！轰！大炮响起来了。

周海望望前面，紧张地说：“我们马上上去，我们打不死，一定要完成任务。”连长来了，说：“周班长、李班副，赶快上去。”周海招呼了一声，扛起“桥”，就紧张地往城墙边跑去，李进一组也拖了梯子跟了上来。

“嗖——”子弹在头顶飞舞，在头顶炸裂，山炮隆隆地吼着……

田里的泥很烂，脚踏下去就粘住了，拉不起来，有人跌倒了，但立刻不作声地爬起来。子弹叫得更尖锐了，周海回头说：“脚步加紧，子弹打得很高，不要紧。”

到护城河边了，周海放下“桥”，扑通就下了河，何喜鸿、周子政、陈阿根都跟着下了河。护城河并不宽，“桥”架在两岸甚是稳当，但河水很深，又冷，人浸在水里，牙齿禁不住打战。

李进拖着梯子从“桥”上爬了过去，在城墙上架起梯子来。梯子还未架好，敌人发觉了，手榴弹轰轰地从城墙上摔了下来，接着大把的火把丢了下来，把城墙根照得一片通亮，机枪也咯咯地响了。何喜鸿挂彩了，三个人跳到了河里，但李进还贴着城墙边，他想：要是突击队到了，找不到梯子，那怎么行，我死也死在城墙根。敌人把城墙上的大砖头往城下丢，李进背上被打中了两块，但他还是不动。

北边冒起了火光，枪声更急了，而城上的敌人还是不断地丢手榴弹、火把，机枪对着河里扫。突击队还没上来！

周海扶着“桥”可急了，心想：别的团可能攻进去了吧。于是，他说：“陈阿根，你到后面去联络。”陈阿根爬上河，快速跑去联络。周海浸在刺骨的河水里，望着被照得通亮的城墙根，被敌人推翻的梯子，他没有想到炮弹正在他身边炸裂，他只有一个想法：突击队快上来攻城。陈阿根回来了，说突击队摸错了路。火光把半边天都烧红了，西北方的枪炮声稀疏起来，东门上一片“缴枪啊！杀啊！”的喊声。这里城头上的敌人还在镇静地向河里打机枪。

突然，河里掀起了浪花，突击队摸河过去了。周海一翻身就爬上了河，和李进扶起了梯子，突击队一个个飞快地爬了上去，敌人在上面哇哇地叫着缴枪……

在军人大会上，100多双手，100多张嘴巴一致喊出了：“周海和李进是我们的战斗英雄！”

周海年仅22岁，南通六区人，小个子，不大会说话，很老实。1941年参加新四军，1944年5月入党，当过通信员、战士、副班长、班长，为全班战士所爱戴。

李进，30岁，如皋一区人，油坊里打油出身，1944年8月参军，中国共产党正式党员，江南反顽自卫战中的战斗模范，高邮战役时任副班长。

表率花合贵　　花合贵是担任突击任务的某部的一位班长，党支部委员，高邮攻城战斗中的战斗英雄。

战前，党支部开战斗动员会，指导员读了团首长号召大家参加突击队的信。散了会，花合贵回班吃饭，脑子里尽想这个问题，他晓得要完成任务，单靠党员还不行，还要靠党外人员。于是，他就找对象了。

许秀生是1944年六甲战斗中过来的，春上填过入党志愿表，后来和班长有点矛盾，闹不团结，入党问题拖了下来了。他心中来了气，就抱着“表下来就下来，不下来就算了”的心思。后来换了个班长，领导方式好，常找他谈谈，帮助他，就有了转变，心里想求进步，参加党，嘴里不好意思讲。花合贵找他谈了：“这次打仗真重要，我要参加突击队，你也参加吧！跟你一起来的总进步，当班长的当班长，当副班长的副班长，你要还想参加党，要求进步才好。”

这些话说中许秀生的心思，他就在支部书记那里报了名。

陈西傲以前是个班长，在江南打了班里的战友，撤了职，这回战斗也参加突击队，在攻城前几天生了痢疾，几顿饭没吃，浑身没劲，心里不想参加了。花合贵一回、两回地找他谈：“之前犯了错误，这回子你不加把劲，还等什么时候？”“好，不落下坏名声，下决心坚持。”陈西傲下了决心。

攻进土围子到攻城这几天中，花合贵的鼓动工作不曾停过，上级下过三回攻击令，他在党小组动员三回，又找非党员谈话、做动员。攻城开始了，花合贵、陈西傲、徐瑞朋、陈文山四个人担任在城河上架桥的任务。许秀生、孙余两个人负责在城墙上架梯子，花合贵是突击班班长。临出发前他对大家做了指示，又对许秀生说：“许秀生你可不要忘记我头两天同你谈的话。”他又向徐瑞朋说：“这回要争取英雄模范。”徐瑞朋笑笑：“嗯！”徐瑞朋这番下了大决心。从前，他打仗时怕当伙夫，因为大家笑话他饭烧不好，又挨排长批评。他心里想：不能总落在别人后面。

突击队队长下了命令——赶快架桥。

他们翻过大路，陈西傲不管痢疾不痢疾，下了冰冷的河里。浮桥太重推不上，花合贵下河后还不行，又叫了两个突击队员上来，徐瑞朋也下了河，大家一使劲把桥架好了。许秀生、孙余带了梯子冲过桥，许秀生第一个爬上城墙，孙余跟着第二个，紧接着第三个，第四个……突击队员全上去了。战斗结束，花合贵笑着对许秀生说：“你够做个共产党员！”

许秀生高兴得合不上嘴。这次战斗中，花合贵、许秀生、徐瑞朋都被选作战斗英雄。

突击班班长曹志贤　　曹志贤，南通人，打铁工人出身，1942 年

7月入伍，1944年12月入党。入伍时，先参加区公所，后编到南通警卫团6连当战士。1944年初，任轻机枪手，1945年任班长。

这次上级交给的任务需要组织三个突击班，8班是其中之一。曹志贤是突击班班长。他听到要打仗，很兴奋，下了牺牲的决心，并说要打一个漂亮仗，牺牲也高兴。1945年12月19日晚上，他把上级交给的任务明确地传达了，还说："多说无用，打起来看好了。"

20日凌晨3时，他带了一个班向泰山庙去警戒。他很沉着地布置警戒位置，一个人走在前面（离泰山庙200米处）。此时，其他部队占领了泰山庙东南面的高碉堡，与敌对峙。天已亮了，太阳刚上升，8班担任出击任务，他很迅速地到了泰山庙南段西边的碉堡边，把梯子架好。他与一个战友首先翻过围墙，迎击着前面、左面、右面的敌人。但是，无情的子弹打中了他，英勇的曹志贤，就此流尽了最后一滴血，光荣牺牲在了华中新四军对日军作战的最后一仗中。

带伤参战的徐金涛　　说起突击队，徐金涛心里有点不高兴，以前几次战斗想参加都没参加成，这次战前，他给上级打了一个报告："为了保卫华中，保卫人民利益，一定要参加突击队攻城。"

连长宣布，8连的任务是突破外围土城，拿下牛缺嘴，2排为突击排，负责主攻。这下徐金涛高兴了，他是5班副班长，突击任务他也有份。6班董林青把自己带的梯子放下水，扑通下了河，冰冷的河水冻得身体直发抖，不会游泳，扶着梯子向对岸游去，还够不到岸。徐金涛用自己手中梯子把水上的梯子推送过去，将董林青送上了岸。

"咯、咯、咯……"机关枪对准梯子打，大家都扑过河去。

"轰隆！轰隆！"徐平高把两颗手榴弹丢进土城，徐金涛马上架上梯子，第一个爬上了土城。敌人没命地向牛缺嘴碉堡跑，徐金涛带徐平高三四个人向碉堡挺进，子弹在头上嗖嗖地飞，他利用每个有利地形曲折前进，逼近碉堡。一条外壕拦住去路，两颗手榴弹丢过去，徐金涛带头冲过外壕，碉堡攻下了，敌人溜走了，牛缺嘴就这样占领了。部队接受了新任务，很快向泰山庙前进，虽然浑身稀泥，身上好像几千枚针刺，但是没有二话，徐金涛带领他的班又扑过一条河，到了一座茅屋，正想烤火，排长命令来了："1 排接近泰山庙了，5 班快跟上。"

战士们马上跑，过了一座桥，机关枪叫，前边就是泰山庙，碉堡中机枪火舌正向徐金涛这边伸。

战士们又扑过一条河，在火网下钻过一条竹篱笆，翻过两条外河，趁敌人炮兵打炮间隙，钻过地洞立即占领了泰山庙最后一排房子。敌人逃到西边民房和别处去了。徐金涛正搜索残敌，忽然，觉得脸上被人打了一拳，一摸，都是血，挂花了。

负伤后，徐金涛不愿去医院，在卫生队没两天，他想仗还没打完，还得攻城，就坚决要求回连上前线，卫生队来不及打介绍信，徐金涛自己跑回连部了。连长叫他在连部休息，他不愿意，说："不要紧，我还可以打仗！"战后，8 连选战斗英雄，大家一致选上了他。

"毛丫头"崔华　高邮战役时，崔华还是一个 16 岁的小姑娘，在第 8 纵队当文化教员。第 8 纵队司令员是陶勇，副政委是伍洪祥。高邮战役打响后,她参加了战地医院抢救伤员的战斗。当时战斗非常激烈，非常残酷。记得一个晚上,她们抬下了 41 个伤员。但日军也已经被逼退，缩到面粉厂，躲在里面。

第二天黎明时，天空刚刚吐着晨曦，她们又抬着担架赶赴战场。

面粉厂外不远处，看到一个站立的身躯贴在墙边，她们很惊讶，不知怎么回事，但看清了是一个新四军军人。救人要紧，她们不顾敌人的子弹，冲过去，一看原来是第 8 纵队 64 团副团长林少克。他一条腿已经被打断了，不能动弹，就贴墙站立着指挥战斗。看到她们，副团长警卫员顿时泪流满面，说副团长负伤了，要求赶快抢救他。崔华和刘述卿（新中国成立后曾任外交部副部长）二人不由分说，赶紧用担架把林少克副团长抬上，送到战地医院。到了医院，天刚亮，林少克副团长缓缓睁开眼睛，看着崔华很瘦弱的样子，反而对她开玩笑："抬我的还是个小姑娘，小姑娘你是怎么抬得动我的？"她笑一笑，说："我不是把你抬下来了吗？"她为自己能抢救伤员而自豪。

高邮战役，新四军战士打得非常英勇。她所在的连抢救的一个战士，在 12 月寒冷的冬天还穿着单衣单裤，头都打破了，负了重伤，但是双手仍紧紧掐住日军的脖子，最后与鬼子同归于尽，看了令人感动。她去救他时，想法把他手指掰开，但他双手如钳，10 个手指都深深陷进日军脖子，鬼子的舌头都伸出来了。

高邮战役，那时医疗条件很差，用过的绷带、纱布舍不得丢掉，洗干净再用。12 月的高邮很冷，河水都结冰了，崔华和战友们就用扁担打破冰面取水。血很难洗干净，又没有肥皂，她们就用稻草烧成灰，用水淋灰，弄到碱水再洗。手在碱水里洗、泡，冷风一吹，裂成一个一个口子，10 个手指都肿了，疼得弯不了又伸不直，但她们仍然坚持救护伤员。

高邮战役胜利后，部队召开"英模表彰大会"，崔华被评为"救死扶伤模范"。伍洪祥副政委为她颁奖，他看崔华很瘦小，就称她"毛丫头"。

从此，“毛丫头”这个称呼就一直挂在伍洪祥副政委嘴边。直到后来伍洪祥病重，崔华去看他，虽已经是个白发老人，见到她竟还呼“毛丫头”，高邮战友之情就这样延续了半个多世纪。

群众支前

高邮战役期间，苏中党、政、军、民特别是华中第二行政区的党、政、军、民全力支前，计动员500条以上的船只，1.5万名民兵负责运送粮食、军用品和伤员，在战斗过程中计供给50万斤以上的粮食和100万斤草料。地方武装还协助主力侦察敌情、传递情报、袭扰敌人等。下面，谨选取江都、高邮、宝应地区的群众支前工作的几个片段做简要的介绍。由此可知，当年群众大力支前的火热场景。

高邮等地数十万群众热烈地参加慰劳、后勤工作，支持前方作战的部队。新四军总攻前，高邮城区各界代表（有参政员、妇女、儿童等）40余人冒着飞机在头上盘旋的危险，抬着猪、鸡、鸭蛋、花生、糖果、香烟等慰劳品赴某团团部慰问，并扭秧歌舞、唱歌鼓舞士气，妇女代表王凤英、赵玉兰两人向战士们说：“你们来解放高邮，我们应当谢谢你们，今后我们要给你们洗衣服，做鞋子。”战士们个个摩拳擦掌，兴奋异常。高邮三垛春生乡翁增荣老先生独捐肥猪一头，他说：“新四军解放了我们，睡多少安稳觉，享着民主福，凭良心应该要慰劳。”高邮二沟区组织了个50多人的慰问队，扛着旗子，敲锣打鼓地把大担的慰劳品一直送到了城墙根。一沟乡老百姓在各村扎起五颜六色的胜利门，准备迎接部队凯旋，并组织了30多人的慰劳队，锣鼓喧天地抬着肥猪等到后方医院慰劳负伤战士。三垛镇儿童团主动在街上贴标语、捷报，做宣传。樊川镇儿童组织了劝募队，四处为前方将士募捐。1945 年 12 月 21 日，三垛镇召开大会，全体店员提出慰劳，各行业立刻响应，当场捐了肥猪 11 头，香烟、虾、鱼、红枣、馒头、鸡蛋无数，次日一早就全数送上前线。

慰劳热潮同样在宝应及其他地区汹涌着。1945 年 12 月 21 日，宝应各界座谈会上城南码头工会工人孟锦富主动提出分 13 组，每组出 100 元，买两头猪。其他各行业亦主动提出慰劳。仅两天，这些慰劳品就分为三批用乐队送至南门外码头，运往前方。真武镇、杨庄镇群众在大冷天搭起了牌楼。河西六七十岁的戴老大特地跑到河东来问部队怎么还不来。河东的邱老太把家里打扫得干干净净，桌子上放好了茶壶茶杯，一听到狗叫就跑出去看，自言自语地说 :“新四军要来了。”当新四军乘着大船走过杨庄大河时，无数的人在岸上堵成了人墙。

高邮各群众团体在给全体指战员的慰劳信上写道 :“你们是我们的救星，你们拯救了高邮县数十万人民的性命，没有你们就没有高邮人民的安康，没有高邮人民的乐土。”前线数千群众组成的后勤站，与后方数十、数百万群众成为新四军的后盾。

江都、高邮、宝应群众全力支前

高邮林溪乡、屯沟乡干部群众热烈支援前线　　三垛区林溪乡干部在1945年12月18日晚上参加区里的动员会。听杨县长说要打自己的县城高邮，个个来劲。当晚回去分工，动员民夫。第一天动员了108名民夫、17条船，由指导员刘汉民、农联会会长陈金荣、副队长李桂余等带到区里，跟着张区长上前方，分成3个队，由3个乡级干部、8个保级干部带领。20日攻下土城后，李桂余一个队17人跟着炮兵连上南门，帮助抬大炮。部队战士非常关心爱护他们，挖好地洞要他们藏在里面掩避好，洞底还铺着草叫他们好好休息，不要怕，吃饭总让他们先吃。他们缴获了八九匹马，队长还帮助牵了伪军畜养的6只绵羊回来，他们很高兴地在那里服务，直到22日把他们替换下来。

22日晚上，屯沟乡（原林溪乡的一部分）乡政府得到邵伯已光复，正在攻打高邮的消息后，5保保长昊春淦连夜在小雨中去通知各个乡政府委员来讨论工作，各委员连夜赶到，连正在患心痛病的雍调解委员也高兴得忘了心痛，赶来开会。会上讨论了：“一、马上传播扩大胜利消息。证明新四军力量强大，不会离开我们人民，打破一些坏蛋的谣言。二、乡里有不少人到前方服劳役，要评评功劳，论功行赏，好的民夫在乡里、保里都要得到表扬，并且要公平合理记功算账。民夫回来时，大家都要欢迎，向他们敬茶、敬烟、敬酒，马上到民夫家里去慰问，防止坏人造谣。三、这次军队打高邮，完全是为了我们老百姓，大家回去发动劳军，不能强迫，要民众各凭自觉，各尽其力。”会一直开到鸡叫时才散，分工之后，第二天一大早就动起来。

23日早晨，屯沟6保保长带着儿童团，打着标语牌，敲锣打鼓，逢人就宣传，还到服役的民夫家去安慰，儿童团团长郭万杰新编了一

RHENMIN BAO

人民報

高郵戰役中
高郵群衆熱烈勞軍
慰勞隊趕赴前綫

樊川鎮兒童自動組織勸募

寶應城區機關團體
籌劃慶祝勝利元旦

《人民报》关于支前报道

个麒麟调儿。群众听到胜利消息，个个高兴，保长奶奶说：“打高邮真如我的心意。”下午五六点，两保民众在一起开会，正巧李桂余带的一队民夫经过庄上，在会上大家要他们把胜利情形做了详细报告。大家听了，更有信心认为高邮城一定很快打下来，人人都表示要慰劳部队。蒋家舍儿童团 11 个人慰劳了 3 斤猪肉，蒋家舍蒋老爹出 2 只老母鸡，李桂岳烧饼店出 50 个烧饼，李桂琴抢着出 2 斤猪肉，并且大声说：“如果大家肉出得多，别人市价 8 元，我杀猪只卖 6 元 1 斤。”大家情绪很高，决定第二天集合慰劳品，并由保长领着儿童团扛着清单牌，谁家出就写在清单上，集合后一起送到区公所。

高邮三垛区的支前干部模范　　战后，高邮三垛区召开全区干部会议，选举参加高邮战役的参战模范，到会的各乡干部50余名，先讨论为什么要争做模范，大家一致认为革命是领导广大人民进行斗争的。模范要有几项条件：一、以身作则，不怕艰苦，带头起推动作用。二、能自我检讨，接受批评与发扬优点，克服缺点。三、服从人民利益。四、工作负责，起核心作用。当场选出7人为评功委员会委员，评论大家参战功劳。经过讨论后，大家争取参战模范情绪高涨，经酝酿一夜，次日一大早各小组进行漫谈，检查个人优缺点，评论参战模范的候选人，准备大会上竞选，饭后，就开始竞选。

韩殿福是新民乡乡队长，他头一个向大家说："谈到打高邮城，我是在炮兵营里抬大炮的，头一次在东门轰了几十炮，我同其他4个人在枪弹如雨、炮声如雷中溜出去，找回五十几个炮弹壳子，又继续不断抬炮弹给大炮轰，班长一个不留神，遭了敌人的炮弹，挂花了，我看到他受伤，咬牙切齿地恨鬼子，更加起劲抬炮弹。第二次，总攻高邮城，大炮又在北门轰，大雨不停地下，我们一路抬送炮弹箱，头顶上枪子嗖嗖的。北门轰开，我们又随突击班战士进城。"有人替他补充："他不顾家庭拖尾巴，有决心到高邮参战，不怕死。"

林溪乡农联会会长陈金富说："我带了15个夫子在炮兵营里抬山炮，在高邮洋面粉厂旁边只听敌人冷枪嗖嗖地打，胆小的夫子吓得筛糠一样地抖，雨不住地下，大家全身像泥鬼样，不说苦也不喊一句冤。"接着，有五个人帮助他竞选说："他平常一向是成日干工作，老老实实，能自己吃亏，团结各阶层人士，积极改进工作办法。虽然家庭生活困难，但能安心为大家谋利益。带头做了九天零五夜的夫子。"

第三个竞选的是保民乡张洪兴，他说："当我听到打高邮，格外加紧搞后勤工作，带了20余个夫子上前线抬担架，在总攻高邮时，在北门爬上城头，抬负伤员到医院，在敌人机枪打得嗖嗖的时候，不住手脚地抬了一夜，大雨中爬竹梯，当听到城里伪军求饶时，高兴极了，高邮是绝对会打下，拼死也值得。"帮他竞选的人说："他在家动员民夫除了拿三升米雇一人，找几个好的朋友同去，完成前线任务，在前线还能教育夫子，他自己有牺牲的决心（他在家动身前就移交一切账目）。另有一夫子吃糠，他送五元给他买菜吃。平常工作很积极、负责，能团结人。"很多人帮他竞选，替他补充意见，会场掌声震耳，热烈不息。

竞选会开始，台子上在候选人面前放了11个红纸糊的细碗，两头站的监票人。大家看准了模范对象就进行无记名投票。结果陈金富39票当选第一名，得大米100斤，钢笔一支；第二名张洪兴得奖品鞋袜各一双；第三名韩殿福拿到了肥皂、毛巾。陈金富笑着领谢，并脱帽向大家鞠躬致敬，张洪兴、韩殿福二人心里说不出有多快活。大家并一致高喊："带头爬城英雄！勇敢的模范！我们一定向你们看齐！"并以热烈的掌声庆祝，会一直开到半夜，大家才休息。

宝应县群众支前慰劳活动　　华中新四军为了坚决保卫华中人民利益，对高邮、邵伯等日伪军发动了强大攻势，捷报传来，各界群众欢欣。宝应城区各界人士举行座谈，纷纷主动从物质与精神两方面发起慰劳活动。

城南码头工会工人说："我们过去受人压迫，被人看不起，现在能有今日，全靠的是民主政府和新四军战士，这次他们又为了我们老百姓的利益作战，我们一定要全力慰劳。"各行业的工会、职员协会，以及其他代表各自提出自己慰劳的物品和方法，大家本着有钱出钱，有力出力的精神，争先恐后地报告着。他们献出深含敬意的物品，如茶食业慰劳了馓子、面包；茶叶业慰劳了茶叶；烟业工人慰劳了香烟；鞋业工人则主动慰劳了鞋子50双。城区职工总会的会员愿每个月节省1斤肉的津贴，周区长也代表区署全体干部准备献出每人1个月肉贴及香烟10条。青协会准备成立战地宣传慰劳队且织织话剧团，到前线演戏，慰劳辛苦作战的战士，也向老百姓进行宣传。

各镇展开比赛，仲家镇镇长刘文恂说："本镇除组织慰劳队外，慰劳品的质量与数量以各镇最高标准为标准。"在这种情形下，大家情绪热烈到极点，慰劳品的数字不断增加着，记录人不停地记录着，据不完全统计，会上大家已提出之物品共计：抗币4240元、猪4头、羊8只、鸭40余只、鱼6担、酒50瓶、毛巾20打、牙刷26打、牙粉500袋、酱菜1担、香烟131条、馓子1500个、面包500个、龙井茶叶4斤、鞋子50双、袜子30双、旱烟10斤、粉条230斤、馒头1000个、鸡30只、油100斤、挂面20斤、花生150斤、红枣30斤。

在会议上决定由船业公会用船只运输慰劳品到前方去。同时，城区各镇群众赶制大量鞋子送到前方。

新四军发动对高邮敌伪攻势、胜利解放邵伯后，宝应各界人士除争看报纸，打听前方胜利消息外，立即召开各界座谈会，发起慰劳。慰劳品分三批运送，第一批是全城职工的慰劳品，于1945年12月23日早上由乐队送至南门外码头，由代表用船送往前方。当慰劳品的行列经过市街时，仪式非常隆重，情景极为热烈，纠察队荷枪欢送。最前面一面长红旗，上面写着"前线慰劳队"。大肥猪杀好了，放在小桌上抬，已宰的白羊用青竹篙子扛，活鸡放在长竹篮筐内，大馒头堆在箩内。走一路，大爆竹放一路。方提盒内装着新商标酒及整条的香烟。沿途观众拥塞，仿佛在观看一个庆祝胜利的行列。工人纠察队员们在欢送途中，以雄壮的步伐，唱着他们的歌，踏着秧歌舞拍子，情绪非常高昂。首批慰劳品总数，计有肥猪 3 头、猪肉 60 斤、大鱼 208 斤、羊 8 只、鸡 44 只、野鸭 40 只、黄芽菜 425 斤、粉条 59 斤、馒头 1150 个、酒 33 瓶、香烟 54 条、大响爆竹 100 个及各工会慰问信多封。

宝应城区人士对这次新四军发动高邮一带攻势，表现了极大的关切和欢欣，到处都充满了喜悦的谈论。当 12 月 17 日、18 日两日部队不断向南开行过去时，大家兴奋地说："这下子一定要去拿下高邮！"宝应县商会会长说："新四军完全不同于国民党的军队和伪军！这次虽然过去了这么多军队，大家都是不知不觉的。过去不论什么军队走过，未到之前，什么招待费啦，这样那样的接待就把老百姓弄得要死。宝应解放前，驻高邮的伪师长还以装设什么电话的名义，向我们宝应收钱，这次新四军去解放高邮，不但高邮的老百姓欢喜，就是我们宝应的老百姓也欢喜。"商会徐先生认为高邮的解放，运河线上的交通将更便利。跑生意的潘先生说："这下子我们好做生意了。以前从宝应往南做生意只能到马棚湾，过了那边就不行，要报很多的税。现在这样一来就好了。"他禁不住由衷地说："新四军真是为我们百姓打算啊！"城南码头工人很欣幸高邮城的工人弟兄不久也将得到解放和生活的改善。他说："我们城南分会已准备了许多慰劳品，我一定要到前线去慰劳新四军的战士，更要进去慰问慰问那些新解放的工友们。"

高邮战役的胜利，拔除了残留在华中解放区中心的日伪军据点，显示了人民军队坚决消灭拒不投降日伪军的意志和决心，同时沉重地打击了蒋介石利用日伪军进犯解放区的企图，牵制了国民党军沿津浦路北犯的行动。

高邮战役的胜利使华中解放区的苏中、苏北、淮南、淮北地区完全连成一片，创造出打运动战的战场，为未来的自卫战争做好了准备。高邮战役的胜利大大鼓舞了解放区军民反对内战，保卫抗战胜利果实的信心。高邮战役的胜利，也使新四军部队取得对坚固城镇攻坚作战的经验，为战略战术的转变积累了经验。

高邮战役取得辉煌胜利的原因是多方面的。

首先是党中央和中央军委的正确决策。为了捍卫人民抗战的胜利成果，中共中央要求“华中新四军应迅速占领运河沿线及串场河沿线各城市”，中央军委指出新四军“必须将占领地段向南北扩展，创造出有利于打运动战的战场”。

其次是华中军区和华中野战军主要领导善于把党中央、中央军委的指示和本地区的实际情况相结合，详察形势，果断决策。粟裕提出在战争指导上必须充分发挥人民战争的优势，充分利用解放区内线作战的有利条件。与之后在内线歼敌的苏中战役、宿北战役、莱芜战役等联系起来看，高邮战役已具备内线歼敌的雏形，是内线歼敌之源。

再次是参战部队表现了英勇善战的革命英雄主义精神和不怕牺牲、一往无前的战斗作风。

最后苏中党政军民特别是华中第二行政区党政军民参战支前，为战役胜利做出了巨大贡献。

高邮战役距今已经有 70 多年，但它的重大意义和成功经验在历史的长河中却日益迸射出耀眼的光辉。它所展现出的消灭一切入侵者的革命英雄主义和爱国主义精神，将激励人们为实现中华民族崛起的中国梦而不懈奋斗。

主要参考资料

1.中共扬州市委党史办公室．中国共产党扬州史：第1卷．北京：中共党史出版社，2001.

2.中共江都市委党史办公室．中国共产党江都地方史：第1卷．北京：中共党史出版社，2004.

3.粟裕文选编辑组．粟裕文选：第2卷．北京：军事科学出版社，2004.

4.张爱东．中共宝应地方史．北京：中国文史出版社，2007.

5.中共高邮市委党史办公室．中国共产党高邮历史：第1卷．北京：中共党史出版社，2008.

6.中共扬州市委党史办公室，中共高邮市委党史办公室，中共扬州市江都区党史办公室．高邮战役研究．北京：中央文献出版社，2015.

7.佚名．苏中我军解放高邮．解放日报，1945-12-28.

8.佚名．华中军区司令部公告：高邮战役总结．新华日报，1946-01-08.